앞으로
안
나아가는
기분

앞으로 안 나아가는 기분

우지경

수영장에 빠진 글 노동자의 무기력 탈출기

b.read

프롤로그 그저 씻으러
수영장에 갔을 뿐인데

 일상이 달라졌다. "난 저녁형 인간이야"라고 외치던 지난날이 무색하게 아침에 눈뜨자마자 씻으러 수영장에 갔다. 하필이면 딱 한 자리 남은 아침 7시 수강을 등록하는 바람에 시작된 모닝 루틴이었다. 수영장에 도착하면 미련 없이 핸드폰을 로커에 넣어두고 샤워를 한다. 따뜻한 물로 씻으면 비로소 몸이 깨어나는 것 같다. 수영복을 입고 수모와 수경을 쓴 후 물속으로 첨벙 들어가면 나보다 먼저 수영장에 온 사람들이 몸을 풀고 있었다. 발차기로 몸을 풀고 나면 어김없이 듣게 되는 수영 강사의 "출발!" 소리. 물속에서 오른발로 벽을 탁 차고 출발하는 순간, 미끄러지듯 앞으로 나아가는 느낌이 좋다. 한 바퀴, 두 바퀴, 세 바퀴…… 25m 수영장을 뱅글뱅글 도는 사이 어제의, 아니 방금 전의 근심도 잊는다. 호흡하느라 바빠서 마음이 힘들었던 일 따위 생각할 틈이 없다. 하지만 어쩐지 몸이 그 어려움을 견디고 나면 하루를 시작할 마음이 생긴다.

홀가분한 마음으로 수영장을 나서면 아침 8시 반. 집에 돌아와 욕실에 둔 수영복 전용 건조대(수영복 원단은 고온에 손상되기 쉬워 햇볕에 말리면 색이 빨리 바래고 늘어진다)에 수영복을 널고 수고한 나를 위해 정성껏 아침을 차려 먹는다. 식사하는 동안에도 수영 후 개운한 여운이 가시지 않아 인스타그램에 수영 일기를 쓰곤 한다. 분명히 몸을 쓰느라 지쳤는데 기운이 차오르는 느낌이 낯설면서도 좋다. 슬슬 글쓰기 모드로 전환해야 하는데 머릿속은 온통 수영 생각으로 가득하다. 그럴 때마다 '오늘 써야 할 원고도 수영하는 마음으로 끝까지 써보자'고 마음을 다잡으며 책상 앞에 앉는다.

그저 씻으러 수영장에 갔을 뿐인데 수영이 점점 좋아지고 있었다. 어서 모든 영법을 배우고 싶다는 열망도 커졌다. 그러니 매일 수영을 배우러 다니는 수밖에. 그렇게 나는 일주일에 여섯 번(월, 화, 수, 목, 금, 토!) 수영장에 가는 수영인이 되었다. 심지어 수영에 도움이 되는 운동이 뭐 없을까 궁리하다가 요가원에 다니기 시작했다. 운동 무능력자였던 내가 수영과 요가를 병행하게 될 줄이야. 수영하고, 밥 챙겨 먹고, 글 쓰고, 요가까지 하니 도통 무기력할 틈이 없었다. 늘어져 있던 나 어디 갔어요?

수영을 시작하고 나서 유튜브에 접속하기만 하면 수영 영상을 봤다. 접영을 배우면 접영 입수 킥과 출수 킥의 차이를 찾아보고, 물속 출발을 배우면 물속 출발 영상을 찾아보는 식이었다. 남편에게 '입만 열면 수영 얘기냐'는 핀잔도 들었다. 미안했지만 하루라도 수영 이야기를 하지 않으면 입에 가시가 돋을 것 같았다.

수영신이 나를 도왔는지, 그 무렵 나에게도 수친(수영 강습을 같이 받는 친구)이 생겼다. 수영장에서 만난 친구들은 아무리 수영 이야기를 해도 지겨워하지 않았다. 오히려 좋아했다. 직업도 나이도 달랐지만 취미가 같다는 것 하나로 나누는 이야기의 폭이 한강만큼 넓었다. 날마다 함께 수영하는 사람들이 있다는 것도 좋았다. 한 시간 수영을 하고 나면 얼마나 열심히 했는지 스마트워치가 기록을 확인해 줬다. 나이를 한 살 한 살

먹으면서 정체되는 기분이었는데 수영 실력이 야금야금 늘 때의 뿌듯함이란. 성인이 되고 도통 느껴보지 못한 새로운 성취감이었다.

매일 수영을 하는데도 일요일이나 연휴가 되면 '아, 수영하고 싶다' 하는 생각이 스멀스멀 올라왔다. 수친들과 원정 자수(자유 수영)를 시작으로 한 달에 한 번은 남편을 꼬드겨서 일요일에 문 여는 수영장으로 자수를 하러 갔다. 수영을 하며 머리를 비울 때가 행복했으니까. 행복은 강도가 아니라 빈도이기에 자주 행복하기 위해 자주 자수를 했다. 지방으로 출장 갈 때는 호텔이 있는 수영장을 예약했고, 수영장에 호텔이 없으면 인근 실내 수영장을 찾아 자수를 하러 가기에 이르렀다.

그렇게 불과 몇 년 전까지 운동 무능력자였던 내가 수영 전도사가 되었다. 수영이 얼마나 좋은지 더 많은 사람들이 알기를 바라는 마음에 이렇게 책까지 쓰고 있다. 무려 플라톤도 쓸 줄 알고, 읽을 줄 알고, 수영을 할 줄 알아야 비로소 지식인이라고 할 수 있다고 말했대요. 그러니까 제발, 부디, 속는 셈치고, 수영장에 씻으러 가보는 것 어떠세요? 어차피 샤워는 해야 하잖아요.

차례

프롤로그 그저 씻으러 갔을 뿐인데 ⦁ 004

알아두면 쓸모 있는 수영 용어 ⦁ 012

1 잠자는 수영 세포를 깨우면

벽을 타려다 물속으로 ⦁ 018

지금까지 이런 가성비는 없었다 ⦁ 026

초급반은 나이키 수영복 입으면 안되나요? ⦁ 034

수영장에서 아무도 안 볼 때 씻으면 무효 ⦁ 042

줄지어 혼자가 되는 시간 ⦁ 048

앞으로 안 나아가는 기분 ⦁ 054

호텔수영병 환자의 꿈 ⦁ 062

2 물속에서 발견한 마음

중급반에 가고 싶은 마음은 굴뚝같지만 ◦ 070

낯선 사람이란 없다, 아직 만나지 않은 친구가 있을 뿐 ◦ 078

수영하기 전엔 몰랐던 수영장 텃세 ◦ 087

누가 수영하면 살 빠진다 했나요? ◦ 095

힘들 땐 도망가자, 수영장으로 ◦ 101

얼죽수? 얼어 죽어도 새벽 수영 ◦ 107

입고 싶은 수영복을 입을 용기 ◦ 116

수영장비 쇼핑 팁 ◦ 125

태어난 김에 가족 수영 ◦ 132

3 힘든 수영은 있어도 못할 수영은 없다

오리발이라는 안정제 ◦ 138

수모 없는 수영인의 회식 ◦ 148

얼마나 못하는지 봐야 늘지 ◦ 154

설 연휴에 문 여는 수영장 어디 없나요? ◦ 160

나만 몰라, 내 심박수! ◦ 165

나랑 물 먹으러 갈래? ◦ 174

어쩌다 드디어 상급반 ◦ 182

용의 꼬리가 되려다 용용 죽겠네 ◦ 189

4 내 한계는 내가 정할게요

무섭지만 스타트는 하고 싶어 ⊙ 198

"쟤는 왜 맨날 지각해?"의 쟤를 맡고 있습니다만 ⊙ 204

와츠 인 마이 스위밍 백? ⊙ 212

내 한계는 내가 정할게요 ⊙ 222

이탈리아에서도 자유 수영을 ⊙ 231

수영장에서 앰뷸런스 타고 병원에 가도 ⊙ 241

1일 2수의 맛! ⊙ 251

에필로그 한강 물맛 좀 볼 줄 아시는지? ⊙ 259

알아두면
쓸모 있는
수영 용어

자유형 Freestyle
이름은 자유형인데 제대로 하려면 지켜야 할 규칙이 많다. 기본 형태는 양팔을 번갈아 앞으로 쭉 뻗으며 젓고, 다리는 번갈아 차는 크롤 영법 crawl stroke이다. 마이클 펠프스 같은 선수는 불규칙한 리듬의 로핑 영법 loping strok을 구사한다.

배영 Backstroke
물 위에 누운 상태에서 팔을 크게 휘저으며 나아가는 영법. 자유형을 뒤집어 놓은 영법이라고 얕잡아보다가 몸이 마음대로 움직이지 않아 속이 뒤집어질 수도 있다.

평영 Breaststroke
팔다리가 대칭이 되게 움직이는 영법. 다리를 접었다가 양옆으로 차며 다시 모으는 킥이 개구리의 행동과 닮아 개구리헤엄이라고도 한다. 영어로 브레스트스트로크인 이유는 가슴을 누르며 몸을 쭉 펴야 글라이딩이 잘되기 때문이다.

접영 Butterfly
수영의 꽃, 못하는 사람은 있어도 못하고 싶은 사람은 없는 영법. "수영장에서 멋있게 보이려면 접영을 갈겨라"라는 말이 있을 정도다. 양팔을 동시에 앞으로 뻗어 젓는 동작이 물을 갈기는 것처럼 보이기도 한다. 팔동작 한 번에 양다리를 모아 위아래로 차는 돌핀 킥을 두 번 차며 웨이브를 타야 한다.

IM
'Individual Medley'의 약자로 접영, 배영, 평영, 자유형 순으로 수영하는 개인혼영을 뜻한다. '접배평자'라고도 한다.

핀 Fins
오리발. 킥의 강도와 속도를 높여 주는 수영인의 구세주다. 종류는 롱 핀과 쇼트 핀 두 가지다.

노 브레싱 No Breathing
말 그대로 무호흡. 수영을 오래 하다 보면 이런 말을 듣게 된다. "양심이 있으면 오리발 신고 25m 접영은 무호흡으로 가세요!"

잠영 Underwater Swimming
스타트나 턴 후 물속에서 돌핀 킥을 하며 앞으로 나아가는 것.

스트림라인 Streamline
수영은 물의 저항과의 전쟁이다. 물속에서 저항을 덜 받으려면 몸을 유선형으로 만들어야 한다.

브레이크아웃 Breakout
잠영 이후 물 위로 다시 떠오르며 스트로크를 시작하는 타이밍.

스트로크 Stroke
팔로 물을 젓는 동작. 종목마다 방식은 달라도 모든 스트로크에는 5단계가 있다.

✦ 스트로크의 5단계

캐치 Catch
물속에서 손으로 물을 잡는 동작.

풀 Pull
팔을 굽히며 물을 몸 쪽으로 끌어당기는 동작.

푸시 Push
엄지손가락이 허벅지를 스치는 느낌으로 손바닥으로 물을 밀어 추진력을 만드는 동작.

피니시 Finish
손바닥으로 골반 또는 엉덩이까지 물을 밀어낸 후 손이 물 밖으로 나가기(리커버리) 직전까지의 동작. 물을 뒤로 끝까지 밀어내야 최대한 추진력을 얻을 수 있다.

리커버리 Recovery
피니시 후 물 밖으로 나온 손을 다시 물속으로 넣는 동작. 다음 스트로크를 위한 준비 단계로 힘 빼기의 기술이 필요하다.

롤링 Rolling
자유형과 배영에서 스트로크를 할 때 몸이 회전하는 동작으로, 어깨와 광배근을 써야 제대로 롤링이 된다.

스컬링 Sculling
손을 좌우로 흔들어 물의 저항을 느끼며 물을 잡는 연습법으로, 캐치 감각을 익힐 때 도움이 된다.

글라이딩 Gliding
물속에서 몸을 쭉 펴고 미끄러지듯 나아가는 동작으로, 팔다리가 길면 유리하다. 글라이딩이 길수록 체력을 아낄 수 있다.

대시 Dash
간혹 수영 강사의 '대시하라'는 말에 누군가에게 하트 시그널을 보낼 생각을 한다면 난감하다. 수영에서 대시는 전속력으로 맹렬히 질주하라는 뜻이다.

드릴 Drill
수영 동작을 쪼개서 집중 연습하는 방법으로, 온갖 드릴이 존재한다.

킥 Kick
축구에서처럼 수영에서도 발차기 동작을 킥이라 한다. 놀라지 마시라. 수영의 킥 종류도 축구만큼 다양하다.

플러터 킥 Flutter Kick
자유형이나 배영을 할 때 다리를 교차하며 빠르게 차는 발차기.

프로그 킥 Frog Kick
일명 개구리 발차기. 무릎을 굽혔다 펴며 양다리를 동시에 바깥쪽으로 뻗치는 동작. 잘못하면 옆 레인 수영인을 찰 수도 있다.

사이드 킥 Side Kick
물 위에 옆으로 누운 자세에서 한쪽 방향으로 차는 킥. 자유형과 배영을 배우다 보면 사이드 킥의 중요성을 깨닫는 날이 온다.

돌핀 킥 Dolphin Kick
물결치듯 허리와 다리를 리드미컬하게 움직이는 킥. 전생에 돌고래였다고 생각하면 더 잘될 수도 있다.

바사로 킥 Vassallo Kick

주로 배영 스타트 때 하는 킥. 물 위에 누운 채 양다리를 모으고 가슴부터 위아래로 움직이며 발등으로 물을 찬다. 한마디로 누워서 차는 돌핀 킥.

비트 Beat

자유형, 배영에서 양팔 동작을 하는 동안 양다리로 물을 차는 횟수를 말한다. 2비트(좌우 1번), 4비트(좌우 2번), 6비트(좌우 3번)가 있다. 2비트와 4비트는 장거리, 6비트는 단거리에 적합하다.

1 잠자는 수영 세포를 깨우면

벽을
타려다

물속으로

"올해는 글만 쓰지 않고 몸을 쓸 거야!"

2022년 1월, 새해를 핑계로 와인 잔을 기울이던 나는 호기롭게 말했다.

"하고 싶은 운동이 있어?"

하고 싶은 운동? 질문을 예상하고 내뱉은 말은 아니었는데. 몸 쓰기에는 걷기나 계단 오르기도 포함되는 것 아닌가. 꼭 특정 종목이어야 하나. 먹고 싶은 음식이 있냐고 물으면 굴찜, 스테이크, 갑오징어, 육전 등등 끝도 없이 이야기할 텐데, 하고 싶은 운동이 있냐는 물음에 말문이 턱 막혔다.

운동 무능력자로 살아온 지 40년이 넘은 내가 하고 싶은 운동이 있을 리가 있나. 헬스는 지루해서 싫고, 러닝은 무릎이 아플 것 같고, 골프는 재능이 없을 것 같고, 수영은 수영복이 입기 싫었다. 하기 싫은 운동 말고 하고 싶은 운동 뭐 없나. 뭐라도 대답하려고 눈동자를 도르르 굴리다 문득 떠오른 네 글자를 말했다.

"클라이밍?"

남편이 안 그래도 큰 눈을 더 크게 뜨고 되물었다.

"응, 도서관 맞은편에 클라이밍장이 있더라."

"클라이밍?"

고개를 갸우뚱거리며 다시 물었다.

"그래, 나도 한번 해보고 싶어."

마침 신이 날 만큼 와인을 마신 나는 생각지도 못한 말을 술술 뱉었다.

과하게 흥이 올라 네이버 지도에서 오다 가다 본 H클라이밍을 검색했다. 그곳에는 일일 체험에 암벽화까지 대여해 주는 체험권이 있었다.

"일일 체험이 있네. 같이 해볼까?"

"네가 해보고 싶으면, 같이 가줄게."

"그래, 지금 예약한다!"

"진행시켜!"

나는 취객 특유의 낙천적인 마인드와 추진력으로 냉큼 예약을 해버렸다. 클라이밍 일일 체험 2인 6만 원을 결제한 후에야 의심이 들었다. 과연 할 수 있을까? 내가 나를 믿을 수가 없었다. 내가 언제부터 운동을 했다고. 얼른 취소하고 결제가 안 된 척할까. 그러나 아뿔싸. 사이트에 다시 들어가 보니 일일 체험권은 환불 불가였다. 문득 곰이 떠올랐다. 그래, 곰도 나무에 오르는데 곰을 닮은 나라고 벽을 못 탈까. 탈 수 있지. 탈 수 있고말고.

다음 날 눈을 뜨자마자 후회했다. 내가 뭘 한 거야. 한숨이 나왔다. 한숨을 쉰다고 환불 불가가 환불 가능으로 바뀌는 것도 아니니, 어차피 결제한 김에 클라이밍이란 무엇인지 체험이나 해보자 싶었다. 말하자면 새해맞이 새로운 도전을 해보겠다는 시도랄까. 음, 시도란 좋은 것이야 하고 생각하니 흐뭇하기까지 했다. 클라이밍장 문을 열고 들어가기 전까지는.

H클라이밍장에 들어선 순간 직감했다. 오지 말아야 할 곳에 왔구나. 그곳에는 수많은 사람들이 약속이라도 한 듯 삼각대 위에 올린 스마트폰으로 영상을 촬영하며 벽을 타고 있었다. 뒷걸음질하고 싶었다. 영상을 촬영하지 않으면 살아남을 수 없는 유튜버들의 행성에 불시착한 외계인이 된 기분이었지만, 안내 데스크를 향해 묵묵히 걸어갔다. 거부할 수 없는 환불 불가의 위력이었다.

"어떻게 오셨어요?"

"친구가 클라이밍이 재미있다고 해서 같이 해보려고 왔어요!"

"클라이밍이 해보고 싶어서 왔어요!"

일일 강습이 시작되고 강사가 질문하자 클라이밍이 처음이라는 사람들은 약속이라도 한 듯 비슷한 대답을 했다. 나만 요 앞 도서관을 오가다 뭐 하는 곳인지 궁금해서 왔다고 했는데 다들 여기에 클라이밍장이 있다는 건 알아도 건너편에 도서관이 있는지는 모르는 눈치였다.

클라이밍장 벽은 지구력 벽과 볼더링 벽으로 나뉘어 있다. 일일 체험은 지구력 벽에서 시작해 볼더링 벽으로 옮겨 가며 클라이밍이란 무엇인지 체험해 보는 프로그램이었다. 시작은 꽤나 공평해 보였다. 모두가 지구력 벽에 개구리처럼 붙어서 클라이밍을 배웠다. 지구력 벽의 경우 정해진 공식대로 홀드를 손으로 잡거나 발로 딛고 이동해 끝까지 가면 완등이었다. 클라이밍으로 잔뼈가 굵은 강사가 먼저 시범을 보이면 그대로 따라 하면 되는데, 막상 지구력 벽에 매달려 보니 내 몸이 마음 같지 않았다. 발이나 팔을 뻗어 몸을 삼각형 모양으로 만들며 최종 지점까지 가는 게 호락호락한 일이 아니었다. 벽에 매달려 낑낑대는 모습을 다른 사람들이 뒤에서 보고 있다고 생각하니 자꾸 어깨와 승모근에 힘이 들어갔다. 아, 그리 높지도 않은 벽에서 툭 떨어져 죽은 척할 수도 없고. 어서 이 시간이 지나길 바랄 뿐이었다.

다행히 난이도 1, 2 수준의 볼더링 벽은 지구력 벽보다 완등 지점은 높아도 생각보다 오르기 쉬웠다. 시작점과 끝점이 표기되어 있고, 같은 색상의 홀드만 잡고 밟으면 되는 데다 지구력 벽에 비해 홀드 개수가 적었다. 어찌어찌 완등이란 걸 하자 콩알만 한 쾌감도 느껴졌다. 지구력 벽에 매달려 버티다 털썩 떨어질 때만 해도 어서 집에 가고 싶었는데, 완등을 하고 나니 나도 할 수 있겠다는 희망이 삐쭉 고개를 들었다. 그렇다면 강습을 받아볼까 하는 용기마저 솟았다.

그날 남편과 나는 클라이밍 수강과 한 달 이용권을 결제했다. 내친김에 암벽화와 초크도 샀다. 초크는 탄산마그네슘 분말로, 클라이밍할 때 손을 건조하게 유지해 미끄러짐을 방지하기 때문에 꼭 필요하다. 암벽화 역시 필수템이다. 암벽화는 벽면과 홀드에서 미끄러지는 것을 방지하기 위해 바닥이 고무로 되어 있어 마찰력이 높고, 발가락을 모아주어 홀드를 디딜 때 지지력이 강화된다. 모든 클라이밍장에는 대여용 암벽화가 구비되어 있고 초보들은 대부분 암벽화를 빌려 신는다. 그런데 왕초보인 내가 굳이 암벽화를 샀다. 혹여나 장비를 사면 투자한 돈이 아까워서라도 오래 하게 되지 않을까 싶은 마음에서였다.

수강 첫날, 클라이밍이 너무 좋아서 클라이밍 강사가 됐다는 선생님은 수강생들을 한자리에 동그랗게 모아놓고 이론 수업을 했다. 그러곤 각자의 수준에 맞는 지구력 벽이나 볼더링 벽으로 이동하도록 했다. 강습이지만 서로 "나이스!"를 외치며 응원하는 분위기가 마음에 들었다. 팔 힘으로 잘 올라가는 남편을 보며 나도 "나이스!"를 외쳤다. 이번엔 내 차례. 벽에 매달리자 다시 몸과 마음이 따로 놀기 시작했다. 의도하지 않은 몸

개그를 하느라 '나이스'라는 세 글자를 들을 사이도 없이 툭 떨어졌다.

다음 강습 시간에도 마찬가지였다. 몸은 무거운데 팔에는 힘이 없고, 발가락에 힘을 줘서 홀드를 잡아야 하는데 발바닥에 힘을 주다 툭 떨어지기 일쑤였다. 강사는 이 벽에서 저 벽으로 이동하며 한 명 한 명 눈높이에 맞춰 피드백을 주었다. 내가 얼마 오르지 못하고 툭 떨어지면 당황한 기색을 감추며 이렇게 말했다.

"아, 그럴 수 있죠. 그럴 수도 있어요. 그런데 어디가 어려웠어요?"

시간이 갈수록 심해지는 나의 몸 개그를 지켜보던 남편이 하루는 강사에게 클라이밍에 좋은 운동은 뭐냐고 물었다. 강사는 기다렸다는 듯이 실내 자전거와 수영을 추천했다. 자신은 클라이밍을 잘하고 싶어서 10kg을 감량했으며, 지금도 넷플릭스를 볼 때 실내 자전거를 탄다고 했다. 순간 눈이 번쩍 뜨였다. 10kg 감량 후 볼더링 벽에 가볍게 매달리는 나를 상상하니 당장 실내 자전거를 사고 싶었다. 실내 자전거에 수영까지 하면 더 효과적이겠지? 수영은 초등학생 때 배웠으니 몸이 기억할 거야. 속으로 혼자 묻고 혼자 격하게 답하며 실내 자전거와 수영을 병행하기로 결론을 냈다.

　집으로 돌아와 실내 자전거를 주문하고 집 근처 수영장과 수영복을 알아보았다. 그러다 수영장 고르기보다 수영복 고르는 게 더 어렵다는 걸 알게 됐다. 수영 수강료보다 수영복값이 더 비싸다는 것도. 뭣이 중헌디? 10kg 빼서 클라이밍만 잘할 수 있다면 실내 자전거도 타고, 입기 싫은 수영복을 입고 수영장에도 가야지. 벽을 타려던 나는 그렇게 물속으로 향하고 있었다.

지금까지

이런 가성비는
없었다

현관문을 나선 지 10분 만에 수영장 입구에 도착했다. 클라이밍을 잘하기 위해 수영을 시작하기로 한 나는 비대면을 장려하는 코로나19 시국에 굳이 대면 등록을 하러 집을 나섰다. 집에서 가까운 수영장 위치도 파악하고 시설도 돌아볼 겸. 그나저나 수영장이 이렇게 가까웠나? 그제야 내가 '수세권(수영장과 가까운 주거지)'에 살고 있다는 것을 깨달았다. 이사 온 지 3년 만에 알게 된 사실이었다.

혹시 등록이 어렵지는 않을까 걱정했는데 팬데믹으로 수

영장 문을 닫았다가 연 직후인 데다 수영장이나 목욕탕 출입을 꺼리는 분위기라 새벽 수영부터 저녁 수영까지 자리가 넉넉히 남아 있었다.

"몇 시로 하시겠어요?"

"저녁 9시 매일반으로 해주세요."

아침에는 일찍 못 일어나도 밤늦게까지 잘 깨어 있으니까, 하는 마음으로 마지막 수영 강습인 저녁 9시 매일반을 골랐다. 결제를 하려고 카드를 내밀자 뜻밖의 말이 돌아왔다.

"10% 할인해서 6만 3450원입니다."

잘못 들었나 싶어 카드 영수증을 확인했더니 정말 10% 할인된 금액이 찍혀 있었다. 구립 수영장이라 구민 할인인가? 때마침 누군가 체육 센터 안내 직원에게 질문하는 바람에 왜 그런지 묻지도 못하고 집에 돌아와 홈페이지에서 이유를 찾아보았다. 12세 이상 55세 이하 가임기 여성은 10% 할인 대상이라 했다. 생리 중에는 수영장에 나오지 못할 수 있으니 그만큼 수강료를 할인해 준다는 논리였다. 그 덕에 10% 할인을 받아 월~금요일 주 5일 수영 강습을 받는데 7만 원도 안 되는 돈을 냈다. 한 달 클라이밍장 이용료와 수강료를 합친 것과 비교하니 4분의 1 정도 되는 가격이었다. 요가원과 비교해도 많이 저렴했다.

게다가 다둥이 할인을 받으면 수강료의 50%만 낸다! 세상에, 수영만큼 가성비 갑인 운동이 또 있을까?

수세권에 사는 덕분에 집을 나선 지 15분 만에 4월 수영 강습을 등록했으니 이제는 수영복을 살 차례. 수영복은 입기 싫지만 수영장에 요가복이나 야구복을 입고 갈 수는 없는 노릇이니 수영복을 사야 했다. 하필 인생 최대의 몸무게를 경신한 때에 수영복을 사려고 하니 어떤 색과 디자인의 수영복을 사야 할지 고민이 꼬리에 꼬리를 물었다.

일단 실내 강습용 수영복을 검색하자 원피스 수영복뿐 아니라 2부, 3부, 5부 수영복이 조르르 등장했다(2~5부는 허벅지를 가려주는 길이를 말한다). 가뜩이나 허벅지도 굵은데 2부나 3부를 입으면 수영복 다리 부분이 말려 올라갈 것 같아 선택지에서 제외했다. 무릎 위 다리 전체를 가려주는 5부 수영복을 사자니 수영복 입을 때 허벅지를 욱여넣는 게 힘들 것 같았다. 아무래도 편하게 입을 수 있는 수영복은 원피스 같았다.

원피스 수영복을 사기로 마음먹고 찾아보니 로우 컷, 미들 컷, 하이 컷 등 난생처음 들어보는 전문용어가 난무했다. 로우 컷이란 허벅지와 엉덩이를 많이 가려주는 스타일이고, 하이 컷은 이름처럼 앞에서 보면 골반 라인보다 윗부분까지 파여 있는 스타일이다. 하이 컷을 뒤에서 보면 엉덩이 부분의 천이 야박해, 간신히 엉덩이를 가리는 느낌. 다행히도 로우 컷과 하이 컷의 중간인 미들 컷이 있었다. 미들 컷은 수영복이 골반 라인 정도까지 내려오는 디자인으로 노출도 부담스럽지 않고 활동성도 좋아 보였다. 아무리 생각해도 내가 입기엔 부담스러운 하이 컷은 제외하고, 로우 컷이나 미들 컷 원피스 수영복을 사기로 마음을 먹었다.

이제는 브랜드를 고를 차례. 수영복 하면 어린 시절 수영을 처음 배울 때 엄마가 사준 아레나가 떠올랐다. 묻지도 따지지도 않고 아레나를 살까 하다가 일단 어떤 브랜드가 있는지 알아보기로 했다. 수영인이라면 누구나 한 번쯤 회원 가입을 하게 되는 가나스윔이라는 수영복 쇼핑몰에 손가락을 담갔다. 어라, 한국에 이렇게 수영복 브랜드가 많았어? 나이키에서도 수영복이 나오네. 후그, 랠리, 키치피치라는 브랜드도 있네. 동공은 확대되고 손가락은 바빠졌다.

브랜드마다 같은 사이즈라도 가슴둘레와 허리둘레, 엉덩이 둘레가 조금씩 달랐다. 같은 L 사이즈라도 엉덩이 둘레가 큰 걸로 사야 하나? 수영복이 꽉 끼면 보기 흉하지 않을까? 수영복도 입다 보면 늘어날까? 스몰, 미디엄, 라지 사이즈 분류에 익숙했던 나는 26, 28, 30, 32 등 숫자로 된 사이즈는 감이 오지 않았다. 달랑 수영복 한 장 장만하려다 눈이 빠질 것 같았다. 그땐 수영복은 입다 보면 늘어나서 딱 맞거나 살짝 작은 사이즈를 사야 한다는 걸 몰라서 넉넉한 사이즈로 골랐다.

사이즈를 정한 후 마음에 드는 컬러의 수영복을 찾기 시작했다. 검은색 수영복은 입기 싫은데 네이비 수영복은 의외로 많지 않았다. 카키색이면 무난하려나. 현란한 프린트의 수영복은 또 뭐지? 다들 화려한 수영복을 입나? 고민 끝에 나이키 스윔 앤서 솔리드 패스트백 탄탄이 빌런레드(이하 나이키 빌런레드)라는 어마어마하게 긴 이름의 수영복을 사기로 했다. 이름에 '빌런레드'라고 했지만 색은 가을 웜 톤 자주색이었다. 오히려 그 부분이 마음에 들어 장바구니에 담았다. 수영복 고르느라 에너지를 다 써버린 나는 수모는 저렴하고 무난한 검은색 스판 수모, 수경도 검은색 패킹 수경을 골라 장바구니에 담았다. 주문 완료 후 한숨을 쉬며 생각했다. 배보다 배꼽이 더 크네. 수강료보다 수영복이랑 수경, 수모 값이 더 비싸니 본전을 뽑을 때까지 마르고 닳도록 입어야겠어.

그때만 해도 당근마켓에서 수영복 살 생각은 못 했다. 수영을 시작하면서 수영복 등 수영용품 장만을 위한 초기 비용을 줄이고 싶다면 당근마켓 활용을 추천한다. 당근마켓에는 중고 수영복은 물론 태그도 떼지 않은 수영복을 파는 사람이 제법 있다. 새 수영복을 파는 것은 막상 입어보니 사이즈가 맞지 않거나 디자인이 본인에게 안 어울리는 경우다. 수영복뿐 아니라 수모, 수경, 오리발도 당근마켓에서 자주 거래된다.

첫 달엔 수영장에 직접 가서 수강 신청을 했지만 두 번째 달부터는 홈페이지를 이용했다. 온라인으로 재등록하니 결제까지 1분도 안 걸렸다. 대부분의 구립 수영장은 기존 회원에게 우선권을 준다. 신규로 등록하긴 어려워도 한번 등록해 놓으면 재등록은 물에 뜨기보다 쉽다. 재등록 기간만 놓치지 않으면 평생 재등록하며 수영 강습을 받을 수 있는 시스템이라 재등록 회원이 많은 수영장에선 '누가 한 명 죽어야 자리가 난다'는 말이 우스갯소리처럼 돈다. 그렇다고 너무 속상해하진 마시길. 기존 회원도 수강 시간을 옮기려면 피켓팅에 버금가는 수강 등록 전쟁에 참전해야 하니까.

지피지기면 백전백승. 기왕 출전하는 거 피켓팅 확률을 높여 보자. 연애처럼 수영 수강 등록도 타이밍이다. 수영에도 비수기와 성수기가 있다는 걸 기억하자. 비수기일수록 성공 확률이 높다. 날이 점점 추워지고 약속이 많아지는 11~12월이 비수기다. 국가 공인 가정의 달 5월도 지출과 일정이 많아 수영장을 찾는 발길을 뜸해진다. 성수기는 온 국민이 새해 결심을 하는 1월과 새 학기가 시작되는 3월 그리고 여름철이다. 특히 6~8월은 여름휴가를 앞두고 수영 좀 배워볼까 하는 사람들이 우르르 몰려드는 시기라 수영장에 사람이 넘쳐난다. 하지만 이때라고 신규 등록을 지레 포기할 필요는 없다. 그럴수록 손가락 스트레칭 제대로 하고, 신규 등록 수강 신청 시간이 시작되기 전 홈페이지에 로그인해야 한다. 수강 신청이 시작되고 3분 만에 접수가 종료되기 십상이기 때문이다. 또 신규 등록에 실패했다고 해서 좌절하긴 이르다. 대기 접수 기간에 대기 번호를 받았다가 순번이 되면 등록하는 방법도 있다. 대기 접수는 수영 강습 시작 전후로 수강 신청을 취소하는 사람이 종종 있어 생겨난 제도다. 신규도 대기도 실패했다면 일일 입장권으로 다니고 싶은 수영장 답사를 해본다. 자유 수영을 하며 시설과 수영장 물 맛까지 알아볼 수 있다. 내가 사는 지역의 구립 수영장은

4000원을 내면 보통 50분간 자유 수영을 할 수 있다. 그중 한 곳은 유리창 너머로 응봉산과 남산이 보인다. 단돈 4000원에 이런 전망 좋은 수영장에서 수영과 샤워까지 할 수 있다니, 이런 게 4000원의 행복 아닌가.

아직 수영을 배워보지 않은 사람에게는 이토록 가성비 좋은 수영을 일단 시도해 보라고 권하고 싶다. 수영을 배우면 무기력한 일상에 활기가 돌고, 재미없는 일상도 신나게 만드는 루틴이 생길 테니. 한시도 쉬지 않고 스마트폰 등 디지털 기기를 사용하는 디지털 중독자라도 하루에 한 시간 이상 디지털 디톡스digital detox를 하게 되는 것은 덤이다.

곧 수영 수강 신청 전쟁에 참전할 예비 수영인들을 위해 전국 방방곡곡에 공공 수영장이 대폭 늘어났으면 좋겠다. 좋은 것은 많은 사람이 누릴수록 더 좋으니까!

초급반은
나이키 수영복 입으면

안되나요?

　기다리던 첫 수강 시간이 왔다. 집에서 목욕재계 후 설레는 마음으로 나섰다. 겉옷 안에는 나이키 빌런레드 수영복을 입은 채였다. 이 행동이 나를 수영장 빌런이 되게 할 줄은 꿈에도 생각하지 못했다. 마스크를 쓰고 걷고 있었지만 3월의 공기에 봄 냄새가 떠도는 것 같았다. 때는 2022년 코로나19 시국으로, 수영장에서는 마스크를 안 써도 된다는 생각에 이미 해방감이 느껴졌다.

　무엇보다 어느 반에 배정될지 몰라 설렜다. 자유형, 배영은 배울 필요 없겠지? 배영까지 할 줄 알면 중급반인가? 막상 수영장 안에 들어가 보니 어리둥절했다. 샤워실에서부터 기를 빨린 후(이 사연은 뒤에 적나라하게 나온다) 뒤늦게 수영장에 들어갔더니 이미 강습이 시작된 후였다. 어느 레인이 어느 레인인지 알 수가 없어 갈팡질팡하다 강사처럼 보이는 분에게 말을 걸었다.

"안녕하세요. 제가 오늘 처음 왔……."

말이 끝나기도 전에 검은 슈트 차림에 마스크를 쓴 수영 강사가 이렇게 말했다.

"맨 끝 레인, 초급반으로 가세요."

코로나19 시국이라 그런지 초급반 레인은 비수기 해수욕장처럼 한산했다. 회원들과 함께 레인 안에 있던 강사가 날 보며 물었다.

"어디까지 배웠어요?"

"……."

언제 배웠는지, 어디서 배웠는지가 아니라 어디까지? 그게 어디지? 출제자의 의도를 파악하느라 우물쭈물하는데 또 다른 질문이 날아들었다.

"수영 배운 적 없어요?"

"초등학생 때 배웠는데요. 자유형, 배영은 할 줄 알고요, 평영은 배우다 말았어요."

수영장에선 자유형, 배영, 평영, 접영 순으로 진도를 나간다는 것은 알고 있어서 배영까지 할 줄 안다고 어필했건만, 초급반이었다. "아, 그럼 중급반으로 가세요!"라는 말을 예상했는데, 착각이었다. 기초, 초급, 중급, 상급, 연수반으로 나뉘거나 영법별로 반이 나뉘는 수영장도 있지만, 그곳은 초급, 중급, 상급반이 각각 레인을 2개씩 쓰며, 양팔 접영으로 25m를 완영해야 초급반에서 중급반으로 올라가는 시스템이었다. 초급반에서 접영까지 배워야 중급반에 갈 수 있다는 게 의아했지만, 로마에서는 로마법을 따르는 수밖에.

"자유형으로 출발!" 초급반 레인에 들어가 중간쯤에 줄을 서자마자 출발 사인이 떨어졌다. 두근두근. 오랜만에 심장이 뛰었다. 번지점프대 위에 선 것도 아닌데 어찌나 떨리던지. 속으로 '괜찮아, 몸이 기억할 거야'라고 되뇌었다. 나대는 심장을 안심시키며 수영장 벽을 뻥 차고 출발했다. 오랜만에 느껴보는 물의 무게감에 당황했다. 오른손에 잡히는 물의 무게가 묵직했다. 고개를 내미는 타이밍을 놓쳐서 호흡도 하지 못한 채 오른손, 왼손 팔동작을 하며 앞으로 나아갔다. 호흡이 제대로 되지 않았다. '음' 하고 물속에서 코로 숨을 내쉬고, 고개가 물 밖으로 나오면 '파' 하고 숨을 들이마셔야 한다는 걸 머리로는 알지만 코와 입에 알 수 없는 오류가 생긴 것 같았다. 왼팔을 저으며 고개가 물속에 있을 때는 자꾸 숨을 참고, 오른팔을 저으며 호흡할 땐 물에 빠진 사람처럼 푸드득거렸다.

자유형 25m 완주는 생각보다 어려웠다. 그런데 그보다 어려운 일이 있었다. 헉헉 가쁜 숨을 몰아쉬며 한숨 돌리려는데, 내 앞에서 출발한 분이 수경을 올려 쓰고는 먼저 가라고 했다. 저 이제 왔는데요, 말할 새도 없이 다시 출발해 죽을 둥 살 둥 헤엄친 끝에 겨우 출발점으로 돌아왔다. 자유형으로 25m를 한 번 갈 때마다 숨이 턱턱 막혔다. 그래도 몸이 기억하는 것이 하나 있었다. 잔망스러운 자유형과 배영 발차기. 그 덕에 배영을 할 땐 자유형을 할 때보다는 수월하게 25m를 횡단했다.

다음 날 호흡을 잘해 보리라 하는 비장한 마음으로 수영장에 갔다. 킥판(kickboard, 발차기 연습할 때 사용하는 부력 보조 도구)을 잡고 참방참방 발차기부터 했다. 출발점에 도착하니 뒤따라온 회원이 "발차기가 20대 같네요"라고 말했다. 칭찬이겠지?

초등학생 때처럼 한 시간 내내 킥판 잡고 발차기만 하면 내가 제일 잘할 텐데. 킥판 시간은 짧고 자유형 연습 시간은 길었다.

호흡이 제대로 되지 않으니 자꾸 고개를 과도하게 들어 목에 쥐가 날 것 같았다. 고개를 쳐들수록 몸이 가라앉으려는 것을 발차기로 버텼다. 그다음 날도, 또 그다음 날도 25m 수영장이 서울에서 부산까지 가는 고속도로처럼 길게 느껴졌다.

"선생님, 자유형으로 25m 가는 게 너무 힘들어요. 호흡에 문제가 있나 봐요."

하루는 초급반 강사에게 고민을 털어놓았다.

"처음이라 그래요. 계속하면 늘어요. 근데 나이키 좋아해요?"

선생님은 앞의 두 문장은 1초의 망설임도 없이 기계적으로, 뒤 문장은 진짜 궁금하다는 듯 물었다.

"네. 어떻게 아셨어요?"

"나이키 입었잖아요. 초급반에서 나이키 입은 회원은 처음 봐요."

그러고 보니 초급반 사람들은 대체로 검은색이나 남색 아레나 수영복을 입고 있었다.

그날 밤 집에 돌아와 유튜브에서 자유형 호흡을 검색해 보았다. 자유형 호흡에 관한 온갖 영상이 떴다. 신대륙에 첫발을 내딛은 탐험가의 심정으로 영상을 하나씩 보기 시작했다. 그 후로 집에서 실내 자전거를 탈 때나 점심을 먹을 때마다 수영 영상을 열렬히 시청했다. 몸도 조금 가벼워지고 체력도 늘어서 클라이밍을 제대로 했으면 좋겠다는 바람으로. 그러다 보니 수영 강습을 빼먹는 날에도 하루에 30분은 실내 자전거를 탔다. 처음엔 클라이밍에 도움이 된다고 해서 시작했는데 실내 자전거를 타며 수영 유튜브 보는 재미에 빠져버렸다. 어제는 불현듯 새로운 가구 배치가 떠올라 실내 자전거 지정석을 정했다. 원형 러그를 깔아 자전거 존을 표시도 해주고. 실내 자전거는 안마 의자 다음으로 인테리어를 망치는 나의 구원자지만, 잘 배치해서 더 친하게 지내보자는 마음으로.

4월 말 초급반 수영 강사가 퇴사했다. 수영장에서는 코로나19로 수영 강사를 구하기 힘들어 당분간 중급반 강사가 초급반까지 맡게 됐다고 전했다. 폐강되지 않은 게 어디냐 하는 마음으로 수영장에 갔다. 중급반 강사가 초급, 중급 4개 레인을 맡아 1인 2역을 했다. 강사는 유쾌했지만 레인 4개를 오가며 강습을 하다 보니 질문할 겨를이 없었다. 그럴수록 수영 유튜브를 열심히 보았다. 배영 팔동작, 평영 발차기 등 그날 배운 것을 찾아보며 복습하는 마음으로 이미지 트레이닝을 했다.

어느 날 새로운 초급반 강사가 왔다. 수영은 호흡이 중요하니 한 명 한 명 호흡을 잘하고 있는지 체크해 보겠다고 했다. 듣던 중 반가운 소리였다. 나는 평소대로 음파 호흡을 했는데 이런 피드백이 돌아왔다.

"회원님, '음' 할 때 그렇게 공기를 다 내뱉으면 몸이 가라앉는데, 물에 떠 있었어요?"

"네, 떠 있어요."

강사는 황당해하며 내게 맞는 처방을 내려주었다.

"부력이 좋네요. 앞으로는 '음' 할 때 80%만 내뱉으세요."

어쩐지 호흡이 힘든 데는 이유가 있었다. 그 후로 수영할 땐 80%만 호흡을 내뱉는 데 신경 쓰니 덜 힘들었다. 아직 모든 영법이 어설프지만 내 안에 잠자고 있던 수영 세포가 기지개를 켜는 것 같았다. 연애를 하면 연애 세포가 살아나듯 수영을 하면 수영 세포가 살아나는 느낌이랄까. 그 증상으로 시도 때도 없이 머릿속에 수영 동작이 떠올랐다. 그럴 때마다 허공에 대고 팔동작을 했다. 특히 화장실이나 엘리베이터 거울 앞에만 서면 나도 모르게 배영이나 자유형 팔동작을 연습하곤 했다.

양치를 하다가도 오른손부터 쭉 뻗어 올려 배영 팔 돌리기를 연습하는 내 모습에 피식 웃음이 난 적도 있다. 하루는 엘리베이터에서 배영 스트로크 연습을 하다가 엘리베이터 문이 열리며 낯선 사람과 눈이 딱 마주쳤다. 얼른 한쪽 팔을 더 들어 올려 기지개를 켜는 척, 어설픈 팔 연기를 했다.

덧. 안타깝게도 다시 클라이밍장으로 돌아가지 못했다. 10kg 감량해서 가볍게 클라이밍을 하겠다는 꿈을 포기한 것은 아니다. 아직 감량을 못 했을 뿐. 볼더링 벽의 보라색(볼더링의 난도는 빨주노초파남보순으로 높아진다)을 멋지게 완등하리라는 희망도 버리지 않았다. 언젠가는 수영하는 클라이머가 될지도 모를 일이니까. 그때까지 암벽화를 당근마켓에 팔지 않고 고이 간직할 계획이다. 그런 의미에서 오늘부터 실내 자전거를 다시 신나게 타야겠다. 클라이밍에 도움이 되는 운동은 수영과 실내 자전거니까.

수영장에서
아무도 안 볼 때 씻으면

무효

"제대로 씻고 들어가!" 수영장 샤워실에서 40대 여성 수영복 찢고 폭행한 60대.

기사의 헤드라인을 본 순간 클릭을 하지 않을 수 없었다. 수영복을 찢고 폭행까지 하다니. 사건의 전말은 이랬다. 원주의 한 수영장 샤워실에서 60대 A씨가, 40대 B씨가 샤워를 제대로 하지 않는다는 이유로 손으로 B씨의 어깨를 여러 번 밀치고 수영모와 수영복 어깨끈을 잡아당겼다. 어깨끈을 세게 잡아당겨 수영복이 찢어졌다.

기사를 읽은 후 든 생각은 '수영복이 그렇게 쉽게 찢어지나?'였고, 두 번째로 든 생각은 '오죽하면'이었다. '뭘 그렇게까지 화를 냈을까'보다 '오죽 불쾌했으면 불같이 화를 냈을까' 하는 마음이 스멀스멀 올라왔다. 그러곤 나도 모르게 수영장 폭행 사건을 의뢰받은 탐정이라도 된 듯 추리를 시작했다. A씨는 B씨가 샤워를 안 하고 수영장에 들어간 걸 목격한 게 처음이 아니었을 수도 있어. 혹시 B씨가 화장도 지우지 않고 들어간 건 아닐까. 머리도 감고 몸에 비누칠을 해서 씻어야 하는데 물로만 쓱 헹궜을 수도 있잖아. 그게 한두 번이 아니었던 거야. 몇 번을 지켜보다가 참지 못해 화를 냈을지도 몰라. 여긴 많은 사람이 함께 사용하는 공공 수영장인데 씻지 않고 들어가면 어떻게 하냐고. 그런데 B씨가 매번 A씨의 말을 무시하고 샤워를 하지 않았다면. 더더욱 화가 났을 거야. A씨가 참다 못해 수영복을 잡아당긴 거지. 며칠 전에 나도 머리에 물이 하나도 묻지 않은 상태에서 수모를 쓰는(머리를 감지 않은 것으로 추정되는) 회원을 보고 한마디 하고 싶어 입이 달싹거렸잖아. '저기요, 머리 감았어요? 수영장에선 머리 감고 수모 쓰셔야죠'라고 말할까 말까 망설이다 못 했잖아.

수영장 폭행 사건에 과몰입해 챗GPT급으로 혼자 마구 시나리오를 쓰다 멈칫했다. 아차, 나도 제대로 씻고 들어가라고 60대로 보이는 분에게 한 소리 들은 적 있었지. 2022년 봄, 수영 강습을 받으러 처음 수영장에 갔을 때 내 모습이 떠올랐다. 수영장에 들어가기 전 샤워는 해야겠는데, 수영장 문화를 몰랐던 나는 집에서 샤워를 한 후 수영복을 입고 그 위에 옷을 입은 채 수영장으로 향했다. 호텔에서 수영장에 갈 때 객실에서 샤워를 하고 수영복을 입은 후 그 위에 가운을 입고 내려가니, 집에서 수영장에 갈 때도 이렇게 하면 되겠지 싶었다. 샤워를 하고 몸의 물기를 닦은 상태에서 수영복 입기가 불편했지만, 이 정도 불편함은 감수해야지 하는 마음이었다.

착각이었다. 수영장 탈의실에 들어가서야 내 생각이 잘못됐다는 것을 알아챘다. 다들 탈의실에서 옷을 벗어 사물함에 넣고, 수영 가방은 샤워실 앞에 걸어놓은 다음 수영복이 담긴 목욕 바구니나 파우치를 들고 샤워실로 들어갔다. 나만 옷 안에 수영복을 입고 있었다. 수영복을 벗어야 하나 눈치가 보였지만 어떻게 입은(집에서 샤워 후 물기를 닦고 난 상태에서 낑낑대며 입은) 수영복인데, 탈의실에서 벗기는 귀찮았다. 혼자 수영복을 입은 채 목욕용품을 담은 파우치를 들고 쭈뼛쭈뼛 샤워실로 들어섰다. 수영복 차림으로 물 샤워를 하고 수영장에 들어가려고 샤워기 물을 트는데, 누군가 내 등을 툭툭 쳤다.

(큰 목소리로) "처음 왔어요?"

(작은 목소리로) "네."

(근엄한 목소리로) "처음이라 모르나 본데, 샤워하고 나서 수영복 입고 수영장 들어가는 거예요."

(기어들어 가는 목소리로) "아, 죄송해요. 몰랐어요."

집에서 샤워를 하고 왔다고 얘기할까 하던 중 샤워실 벽에 붙은 "깨끗한 수질 유지를 위해 샤워한 후 수영장에 들어가세요"라고 쓰인 안내문이 눈에 들어왔다. 순간, 수영장에 처음 온 몰상식한 오징어가 된 기분이었다. 수영복을 벗고 보디 워시를 꺼내 몸을 씻고, 집에서 감고 온 머리를 다시 감았다. 벗은 수영복을 그냥 입는 것도 눈치가 보여서 비누칠 후 헹궈 다시 입었다. 나중에 안 사실인데 수영복에 비누칠을 하면 입을 때 편하다. 어쩐지 쑥 잘 들어가더라. 다시 수영복을 입으며 안내문을 보는데, 코로나19 시국이라 그랬는지 수영장에서 양치질하지 말라는 문구가 눈에 들어왔다. 나에게 샤워하라고 얘기한 분이 활기차게 양치질하는 모습도.

결국 첫날 다시 씻느라 강습 시간에 늦고 말았다. 그래도 억울해하지 않기로 했다. 내가 집에서 수영장까지 진공 상태, 아니 밀봉 상태로 온 것은 아니니까. 다음 날부터는 집에서 나올 때 양치질만 하고, 샤워실에서 머리를 감고 몸을 씻은 후 수영복을 입고 수영장에 들어갔다. 며칠 지나고 나니 수영하기 전에 몸을 씻고, 수영 후 다시 씻는 게 익숙해졌다. 수영장에 들어가기 전 뜨거운 물로 샤워하면 몸이 이완되는 것 같아 좋고, 수영하고 나서 샤워를 하면 하루를 깨끗하게 마무리하는 것 같아 개운했다.

다시 수영장에서 샤워를 제대로 하지 않은 B씨를 폭행한 A씨에 관한 기사로 돌아가 보자. B씨는 공공장소에서 매너를 지키지 않았고, A씨는 법을 어겼다. 그 결과 A씨는 폭행 기소 벌금 50만 원을 선고받았다. B씨가 여전히 제대로 씻지 않고 수영장에 들어가는지는 알 수 없지만 부디 그러지 않았으면 한다. A씨는 수영장에서 샤워를 하지 않는 사람을 다시 본다고 해도 화를 참지 못해 수영복을 찢지 않길 바란다. 그럴 땐 이렇게 말하면 어떨까.

"혹시 집에서 샤워하고 왔어요? 그래도 수영장 이용 규칙이 샤워실에서 몸을 씻고 수영장에 들어가는 거니까 다시 씻고 들어가면 좋겠어요. 다들 씻잖아요."

만약 이 글을 읽고 나서도, 샤워하지 않고 수영장에 들어가면 어때 하고 생각하는 분이 있다면 이런 말을 해주고 싶다.

"목욕탕에 가면 샤워하고 탕에 들어가는 게 당연하죠? 수영장에도 샤워를 하고 나서 들어가야 해요. 목욕탕 물 먹을 확률보다 수영장 물 먹을 확률이 높거든요. 아, 수영을 잘해서 수영장 물 따위 먹지 않는다고요? 그렇다면 머리를 감지도 않고, 누군가는 화장실에 다녀와 씻지도 않고 수영장에 들어가 그 물이 당신의 귀나 코로 들어간다면 어떨까요? 상상만 해도 끔찍하지 않나요?"

어차피 씻을 거라면 샤워는 수영장에서 합시다! 하루를 저녁 수영으로 마무리할 때 두 번 샤워하면(수영장에 들어가기 전, 수영장에서 나온 뒤) 얼마나 개운한지 몰라요.

줄지어

혼자가 되는
시간

　의외로 사람은 쉽게 변한다. 운동만큼 하기 싫은 게 또 있을까 생각하던 내가 수영을 시작하고 얼마 지나지 않아, 운동만큼 확실하게 기분 전환이 되는 건 없다고 확신하게 됐다. 누군가에겐 그 운동이 러닝이나 요가 혹은 주짓수라면 내겐 수영이다. 매일 아침 같은 시간에 일어나 씻고 수영만 해도 새 사람이 된 듯한 기분이 든다. 집에서 일하는 프리랜서이다 보니 밖에 볼일이 없으면 하루 종일 씻지 않고 지내기 쉬운데, 수영 후 샤워를 하고 집에 돌아오는 길엔 몸과 마음이 보송보송해진다. 일과 중 하나를 해냈으니 오늘 하루도 잘 보낼 수 있을 것 같다. 아무래도 일상의 원동력은 대단한 이벤트가 아니라 매일의 루틴에서 나오는 모양이다. 수영이 이렇게 좋다는 것을 좀 더 일찍 알았더라면 얼마나 좋았을까 아쉬울 정도다.

뭐가 그렇게 좋으냐고 묻는다면, 수영복을 입고 체조할 때를 제외하면 수영장에서 보내는 모든 시간이 좋다. 탈의실 로커에 핸드폰과 옷가지를 넣고 탁 소리 나게 문을 닫는 순간 기분이 좋아진다. 지금부터 수영이 끝날 때까지 핸드폰은 비행기 모드다. 그사이 어떤 연락도 받을 수 없고, 할 수도 없다는 생각에 슬며시 미소가 지어진다. 말 그대로 핸드폰에서 훌훌 해방된다. 달콤한 고립의 시간이다. 핸드폰과 잠시 이별하고 따뜻한 물로 샤워를 한 후 수영복을 입고 수영장에 들어서면 마음까지 수분이 촉촉하게 차오르는 느낌이다.

평소 화장실에 갈 때조차 손에서 핸드폰을 놓지 못하는 나도 수영장에서는 이렇게 자발적으로 디지털 디톡스를 하게 된다. 하루에 1시간만 디지털 디톡스를 하면 뇌 건강이 개선되고 수면의 질이 좋아지며 사회적 관계를 회복할 수 있다는 포스팅을 본 적이 있다. 그 글의 끝에는 이런 문장이 쓰여 있었다.

"탈의실에 휴대폰을 놔두고 수영만 즐긴다면 디지털 디톡스 완전 가능! 참 쉽죠?" 출처는 인스타그램 매거진 '뉴 두잉 스윔 New Doing Swim'.

강습 시작 전 회원들과 서로 인사를 나누고 각자 킥판을 잡고 가볍게 자유형 발차기를 한다. 이때는 머리를 물속에 넣을 필요가 없어 수경을 쓰지 않은 채 발로 물을 차는 감각을 느낀다. 양발의 엄지발가락이 닿을 듯 말 듯 발등으로 물을 꾹꾹 눌러 차면서 물보라를 일으키며 앞으로 나아간다. 킥판을 잡고 발차기로 두 바퀴 정도 돌고 나면 강사가 등장해 본격적인 강습이 시작된다. 이제부터는 줄을 서서 군중 속에서 혼자만의 시간을 즐길 차례다. 수영은 수영장에 사람이 많아도 혼자 하는 운동이란 느낌이 강하다. 마치 바다에서 수많은 서퍼들이 파도를 기다리고 있어도 홀로 파도를 타야 하는 것처럼. 1번부터 순서대로 출발하지만 홀로 물을 가르고 앞으로 나아가야 한다.

출발! 수영 강사의 우렁찬 출발 구령에 맞춰 1번이 먼저 물속 스타트를 한다. 물을 가르는 모습이 시원스럽다. 그 뒤로 2번, 3번, 4번이 찹찹찹 물소리를 내며 앞으로 나아간다. 온몸이 물속에 가라앉은 채 돌핀 킥을 하는 순간 주변의 소음이 완전히 사라진다. 수면 위로 올라와 브레이크아웃을 하면 물이 찰랑거리는 소리와 내 호흡 소리가 귓가를 가득 채운다. 그 소리와 함께 나는 '머리'를 쓰는 작가에서 '몸'을 쓰는 수영인으로 모드를 전환한다. 오른팔로 물을 잡아 밀 때와 왼팔로 물을 잡아 밀 때의 차이를 느끼며 한 팔 한 팔 앞으로 나아간다. 다리로는 물을 뒤로 밀고 있는지 생각하며 발차기를 한다. 물살을 가르며 앞으로 나아가면 잠들었던 수영 세포가 깨어난다. 이제부터는 다른 생각을 할 겨를이 없다. 오직 수영에만 열중한다. 내 몸의 움직임을 알아채고, 호흡에 집중한다. 이 시간을 온전히 수영에 쏟아붓는다. 머릿속의 생각을 비워 내는 게 명상이라면 수영도 명상이 아닐까 싶을 정도다.

이때 드론 시점으로 나를 본다면 중급반 레인에서 철새처럼 줄지어 이동하는 수영인 중 한 명이다. 각자 날갯짓을 하고 있지만, 떼 지어 날아가는 무리처럼 누구도 대열에서 이탈하지 않으려고 애쓴다. 때때로 분명 무리 속에 있는데 혼자만의 사투를 벌이는 듯한 기분이 들기도 한다. 그렇게 오른팔 한 팔 접영 두 바퀴, 왼팔 한 팔 접영 두 바퀴, 양팔 접영 세 바퀴, 강사의 구령에 따라 수영장을 돈다. 흐르는 물이 된 것처럼 돌고 또 돈다. 돌면 돌수록 숨이 차오른다. 그럴 때 주위를 둘러보면 수영장에 있는 모든 사람이 자기 레인에서 전진하고 있다. 각자 하고 있는 영법에 몰입해 저마다 최선을 다하는 모습이다. 차가운 물속에서 그 열기가 파동이 되어 출렁인다. 그 모습에 자극받아 또 한 번 벽을 차고 출발한다.

강습을 시작한 지 40분 남짓, 운동 강도가 점점 높아진다. 예를 들면 양팔 접영 네 바퀴. 한 바퀴 돌 때마다 숨이 더 가빠지며 '힘든데 그만할까'라는 생각이 슬며시 밀려오기 시작한다. 머릿속에서 은은하게 연주되는 배경음악은 선우정아의 '도망가자'. 이번에 쉴까. 이번만 돌고 도망갈까. 자연스럽게 빠져나갈 타이밍을 찾다가 놓쳐 버리고 출발점으로 돌아와 가쁜 숨을 몰아쉰다. 물속에서 땀을 흘리지 않을 뿐이지 온몸에서 열이 난다. 헉헉. 숨이 턱까지 차올랐을 때 나만큼 힘들어하는 회원을 보면 '여기까지 같이 했는데 내가 나가면 남은 사람들은 더 힘들겠지. 같이 한 번만 더 해보자' 하는 동지애가 슬며시 고개를 든다. 이런 게 동병상련일까?

강습의 끝은 영화의 클라이맥스처럼 격렬하게 양팔 접영으로 마무리하곤 한다. 그러곤 동그랗게 모여 파이팅을 외치며 강습을 끝낸다. 한숨 고르고 나면 해냈다는 쾌감이 밀려 온다. 핸드폰을 켜는 순간 수영의 여운이 날아가 버릴지라도, 기분에

새 옷을 입힌 채 수영장을 나선다. 매일 기분 전환을 하고 싶다면 매일 수영장에 가는 수밖에. 오늘도 나는 외부와 단절된 수영장에서 수영인들과 함께 호흡하며 혼자만의 시간을 보냈다.

덧. 수영 강습 후 동그랗게 둘러서서 서로 손을 잡고 파이팅을 외쳤는데, 이제 더 이상 손을 잡지 않는다. 각자 양손을 들어 올려 파이팅을 외친다.

누군가 손을 잡고 파이팅을 외치는 것이 불편하다고 민원을 넣은 이후 파이팅을 외칠 때 손잡기 금지령이 내려졌다. 나 역시 굳이 손을 잡고 파이팅을 할 필요가 있나 생각했지만, 굳이 손을 잡고 싶지 않다고 민원을 넣을 생각은 못 했는데, 예민하고 부지런한 수영인 덕에 파이팅을 외치는 순간까지 단절을 느끼게 됐다.

앞으로
안 나아가는

기분

"저 사람 좀 봐, 아까 출발했는데 계속 제자리에 있어요."

저녁 9시 초급반 강습을 받던 때였다. 배영 한 바퀴(25m 풀 기준으로 50m)를 돌고 출발 지점으로 돌아왔는데, 제자리에 멈춰 있는 한 남자 때문에 뒷사람들이 출발도 못 한 채 엉거주춤 서서 쑥덕이고 있었다. 대체 누가 길을 막고 있나 고개를 쭉 빼고 보다가 "여보, 일어서!"라고 소리를 지르고 말았다.

그제야 일어선 제자리남은 걸어서 출발 지점으로 돌아왔다.

"어쩐지 아무리 팔을 저어도 천장이 안 바뀌더라."

"발차기 안 했어?"

"발도 찼지."

기가 찼다. 그럴 수가 있나? 제자리 배영을 보여준 제자리 남은 나보다 먼저 수영장 초급반에 등록한 남편이었다.

그날 이후 남편은 '배포자'가 됐다. 잘 안되는 영법에 대해 자포자기하는 수영인을 'O포자'라 부른다. 배포자까지는 아니더라도 배영을 유독 힘들어하는 사람들이 있다. 키가 크고 근육이 많을수록 하체가 물속에 많이 가라앉아 속도가 나지 않는다고 한다. 하체가 가라앉은 채 배영을 하다 보니 물을 먹게 되고, 물을 먹다 보니 물이 먹기 싫어서 머리를 더 들게 되는데, 머리를 들수록 허리는 구부러지고 몸이 가라앉으며 속도가 느려지는 악순환이 반복된다.

반면 나는 근육 부자라기보다 지방 부자라 부력이 좋아 몸이 둥둥 잘 뜬다. 그 덕에 배영을 할 때 하체가 많이 가라앉지 않는데, 허벅지 힘으로 발차기까지 씩씩하게 하니 앞으로 쭉쭉 나아갔다. 배영을 할 때 앞으로 나아가는 느낌이 좋았다. 땅 위에 누워서는 경험할 수 없는 부드럽고 상쾌한 기분이다. 수영을 좋아하는 이유 중 하나가 (물 위에) 누워서 하는 운동이라는 점인데, 배영을 할 때는 진정 물 위에 누워 있는 느낌이 든다. 찰랑이는 수면 위에 몸을 띄운 채 발차기를 하고 팔을 돌리며 쭉 나아가면 몸이 한없이 가볍게 느껴지곤 한다. 때때로 야외 수영장에서 배영을 할 때면 하늘이 보여 기분이 더 좋다.

그런데 평영만 하면 아무리 발차기를 해도 앞으로 나아가지 않았다. 평영을 할 때마다 제자리를 맴도는 듯 허우적댔다. 그렇다고 후진을 하는 것은 아니지만 영 속도가 나지 않았다. 같은 상황이 반복되다 보니 이렇게 '평포자'가 되는구나 싶었다. 새벽 수영 초급반 강사를 만나기 전까지는. 그는 어떻게든 나의 이상한 평영을 교정해 주려고 애쓰며 다양한 방법을 알려 주었다.

"회원님은 평영을 시작할 때 손등끼리 붙여서 손바닥으로 물을 밀어보세요."

(이런 꿀팁이! 눈을 반짝이며) "평영은 원래 그렇게 시작하는 거예요?"

"아니요. 물을 잡는 감이 전혀 없으니까 그렇게 해보라는 거예요."

"아……."

정곡을 콕 찌르는 피드백이 유쾌하지는 않았지만 뭐가 문제인지는 알 것 같았다. 평영을 할 때는 팔을 벌렸다 양손으로 물을 잡아당겨야 하는데 전혀 물을 잡고 있지 않았던 것이다. 물을 잡아당긴 후엔 팔을 가슴 쪽으로 끌어와야 상체가 뜨는데, 나는 팔을 옆구리 쪽으로 붙이고 있으니 상체도 잘 뜨지 않았다.

게다가 평영 호흡을 할 때 나도 모르게 고개를 자유형하듯 오른쪽으로 돌리는 특이한 습관이 있었다. 차라리 시선을 왼쪽에 두라는 말을 들어도 내 고개는 오른쪽으로 돌아갔다. 분명 내 머리인데 내 의지대로 움직이지 않는 기이한 현상이었다. 하루는 강사가 평영 손동작을 잡아주다가 큰 소리로 "대체 고개를 왜 그렇게 돌리는 거예요?" 하고 물었다. 그러게, 나도 그것이 알고 싶었다.

속도가 나지 않는 건 평영만이 아니었다. 때마침 쓰고 있던 가이드북은 평영보다 속도가 더 느렸다. 겨우 원고를 마무리해서 보내면 편집자의 피드백에는 질문과 수정 요청 사항이 가득했다. 피드백받은 원고를 수정하느라 써야 할 원고를 못 쓰니 마감은 자꾸 늦어만 갔다. 평영처럼 나의 원고도 앞으로 나아가지 않는 기분이었다.

　강사도 나만큼 답답했던지 하루는 자신이 앞에서 뒤로 걸으며 머리를 고정할 수 있게 양손으로 잡아줄 테니 평영을 해 보라고 했다. 평영 발차기를 알려 주기 위해 강사가 뒤에서 발을 잡아주는 경우는 많지만, 앞에서 머리를 붙잡아 주다니. 정수리를 꽉 잡힌 채 평영을 하려니 어부에게 잡힌 거대한 대왕문어가 된 기분이었다. 평영은 자유형과 달리 고개를 물속에 넣었다 뺐다 하며 호흡을 해야 하는데 자꾸 웃음이 터져서 호흡을 제대로 할 수가 없었다. 결국 이렇게 말하고 말았다.

　"선생님, 도저히 웃겨서 수영을 못 하겠어요."

　그러자 포기를 모르는 강사는 내 머리를 잡아주는 대신 맞춤형 구령을 외쳤다.

　"왼쪽! 왼쪽! 왼쪽!"

　고개가 자꾸 오른쪽으로 돌아가니 의식적으로 왼쪽을 보면 정방향을 보게 될 것이라고 했다. 귀에 딱지가 앉게 '왼쪽'을 외치는 소리를 들으며 평영을 연습했다. 그러던 어느 날 강사가 평영을 하던 나를 일으켜 세워 말했다.

　"지금 고개 안 돌리고 제대로 했어요. 이 감각을 꼭 기억하세요!"

얼떨떨했다. 이것이 나의 평영 모멘트인가 하는 자부심과, 과연 내가 이 감각을 기억할 수 있을까 하는 의심이 교차했다. 평영을 포기하지 않은 스스로가 대견하고, 이런 나를 포기하지 않은 강사가 고마웠다. 그 덕에 평영을 하며 앞으로 나아가는 느낌을 알게 됐으니.

"평영할 때 고개를 왜 그렇게 돌려요?"

중급반에 오자마자 한 회원에게 이런 말을 들었다. 내 고개는 아직도 오른쪽으로 돌아가는 모양이었다. 이것은 소리 없는 아우성. 하는 수 없이 평영 주간에는 속으로 '왼쪽, 왼쪽, 왼쪽'을 외쳤다. 언젠가는 고개를 똑바로 들고 평영을 하리라. 그래도 중급반이 된 지 세 달쯤 지나자 점점 평영 팔과 다리의 박자가 맞고 속도도 빨라지는 게 느껴졌다. 평영을 할 때 뒷사람에게 민폐가 될까 봐 "먼저 가세요!"라고 하던 말도 점점 덜 하게 됐다. 오히려 이런 말을 들었다.

"아가씨가 평영 빠르니까 먼저 가."(빠르다는 말에 기분이 좋아져서 아가씨 아니라는 말도 안 하고 냉큼 출발했다.)

평영이 익숙해지자 다양한 드릴(수영 동작을 쪼개서 집중 연습하는 방법)이 기다리고 있었다. 그중 잊을 수 없는 것은 어깨를 동그랗게 마는 자세를 만들기 위한 킥판 훈련. 자그마치 한 달간 킥판을 이용한 단련을 했다. 한 손으로 킥판을 누르고 다른 한 손은 뻗은 채 자유형 발차기를 한다거나, 양손으로 어깨 아래 킥판을 누르고 평영 발차기를 하는 연습이었다. 하나같이 앞으로 나아가는 기분이 들지 않았다. 나만 그런 것은 아닌 듯했다. 다들 해파리처럼 느린 속도로 25m를 오갔다. 한 팔로 눌렀던 킥판이 튀어 올라 레인을 넘기도 했다. 한 바퀴 돌 때마다 점점 세차게 헉헉거렸다. 역대급으로 힘들었지만 정말이지 앞으로 나아가는 느낌이 들지 않았다.

1초라도 늦게 출발하고 싶었던 내가 강사에게 투덜거렸다.

"이렇게 하니까 앞으로 나아가질 않아요."

돌아온 답은 간단했다.

"왔잖아요."

"아."

"말도 안 되는 소리 그만하고 출발!"

힘차게 출발하며 물속에서 생각했다. 올해는 아무리 일을 해도 앞으로 나아가는 것 같지 않아 자주 낙담했는데, 느려도 계속하고 있었구나. 그토록 끝이 보이지 않던 책 작업도 1교, 2

교, 3교를 거쳐 OK교를 확인한 뒤였다. 이제는 안다. 해파리(분속 3~6m)처럼 느려도 멈추지 않으면 완주할 수 있다는 것을. 중요한 것은 포기하지 않고 앞으로 나아가려는 자세다. 수영도 일도 계속하면 나아진다. 나아지지 않았다면 나아질 때까지 계속하면 된다. 다른 사람과 비교할 필요 없다. 어제의 나보다 오늘의 내가 조금이라도 나아진 기분이 든다면 그것으로 충분하다.

호텔수영병 환자의

꿈

수영을 배우면 배울수록 수영 세포가 핵분열을 하는 것 같았다. 틈만 나면 영법 영상을 찾아보는 것이 일상이 되자 내 SNS는 온통 수영 영상으로 가득했다. 내친김에 출장 중 호텔에서도 음파 음파 수영 연습을 하기로 했다. 그 핑계로 수영장이 좋은 호텔을 검색하며 호시탐탐 출장 갈 기회를 노리던 중 부산에서 대만 자유 여행에 대한 강연을 하게 됐다. 이때다 싶어 미리 검색해 둔 롯데호텔을 예약했다. 오후 강연이라 다른 투숙객들은 조식을 즐길 시간에 난 채광 좋은 호텔 수영장에서 유유히 자유형, 배영을 연습했다. 자유형을 하며 아침 햇살이 비친 수영장 바닥을 바라보는 게 어찌나 황홀하던지!

전주로 〈유네스코 뉴스〉 매거진 칼럼을 위한 취재를 갔을 땐 루프톱 수영장이 있는 라한호텔에 묵었다. 내내 비가 왔지만 출장 중에도 수영을 하겠다는 다짐을 지키기 위해 자유형과 평영 연습을 했다. 고개를 내밀고 하는 '호텔 수영(헤드업 평영)'을 못해 아쉬웠지만 온수풀은 따뜻하고 한옥 마을이 내려다보이는 전망은 근사했다. 그러다 보니 호텔 수영은 못하면서 출장 갈 일만 생기면 수영장이 있는 호텔을 찾는 '호텔수영병'에 걸렸다.

전주에 다녀온 지 얼마 지나지 않아 부산 강연 일정이 잡혔다. 이번엔 강연한 다음 날 부산 롯데호텔에서 모닝 수영을 하고 대구 수성호텔에서 오후 수영을 해볼까. 수영을 하고 나선 대구에 사는 친구와 맥주도 한잔 하고. 계획은 완벽했다. 다시 찾은 부산 롯데호텔 실내 수영장은 여전히 한적하고 채광이 좋았다. 자세는 어설퍼도 기분은 수영장 천장을 뚫고 날아갈 듯했다. 대구로 이동해 '대프리카'의 쨍한 햇살을 맞으며 루프톱 수영장을 즐기면 완벽한 수영 여행이 될 것 같았다. 수성호텔에 체크인하자마자 루프톱 수영장으로 돌진했다. 그런데 '수성못'이 내려다보이는 루프톱 수영장에서 나를 맞이한 건 세찬 바람이었다. 게다가 그곳엔 화려한 비키니 차림에 풀 메이크업을 한 사람이 대부분이었다. 드레스 코드도 모르고 파티에 온 불청객이 된 기분에 안 그래도 좁은 어깨가 더 쪼그라들었다.

얼른 수영장 물속으로 뛰어들며 생각했다. 나만 빼고 다 호텔 수영을 할 줄 아는 건가? 풀 메이크업하고 얼굴이 물에 젖지 않으려면 호텔 수영을 해야 할 텐데. 걱정이 무색하게 인생사진 찍기에 여념이 없는 비키니 부대는 수영장 물에 발가락 하나 담그지 않았다. 그 덕에 나는 아무도 수영을 하지 않는 호텔 루프톱 수영장에서 수모와 수경을 쓰고 수영을 했다. 여유로웠다. 처음엔 그랬는데, 시간이 갈수록 이게 뭔가 싶었다. 루프톱 수영장에 왔는데 호텔 수영을 못하니 전망을 즐길 수도 없었다. 대프리카의 햇살은 뜨거워도 바람이 차서 물밖으로 나가 앉아 있기엔 추웠다. 곧 물에 빠져 죽을 사람처럼 허우적대는 '살려줘 평영'으로 수영장 끝까지 가 전망 한번 보고 숨을 고른 다음 다시 평영을 하는 내 모습이 꼭 물미역 같았다. 호텔 수영만 할 줄 알면 수모 대신 볼캡을 쓰고 보송보송한 얼굴로 전망을 즐길 텐데.

서울로 돌아와 초급반 강사에게 호텔 수영 타령을 했다.

"선생님, 저도 호텔 수영 하고 싶어요."

"호텔 수영이요?"

"네. 헤드업 평영은 안 가르쳐주세요?"

"에이, 호텔에서 평영을 제대로 하는 게 더 멋지죠."

진심으로 헤드업 평영을 가르쳐줄 생각이 없어 보였다. 나를 비롯해 평영도 제대로 못하는 초급반 회원들에게 헤드업 평영을 가르치기는 쉽지 않을 것 같았다. 그날 밤 나 홀로 호텔 수영 배우는 법을 찾아 유튜브의 바다를 떠돌았다.

얼마 후 하와이에 2주간 출장 갈 일이 생겼다. 천국처럼 아름다운 하와이의 리조트에서 수경을 쓴 사람은 단 한 사람뿐이었다. 세상 편안한 표정으로 고개를 들고 선글라스를 낀 채 호텔 수영을 하는 외국인들이 어찌나 부럽던지. 그날 저녁 다시 유튜브에서 영상을 찾아보고 호텔 수영을 시도했지만 고개를 내밀면 몸이 가라앉았다. 몸이 가라앉으면 팔과 발에 불필요한 힘이 들어가 더 가라앉았다. 앞으로 나아가기 위해 헤엄을 치는 게 아니라 가라앉지 않기 위해 버둥대는 느낌이었다.

이후 세부, 칸쿤의 좋은 호텔 수영장에 갈 기회가 있었지만 늘 수경을 쓰고 자유형이나 배영을 했다. 끝내 호텔 수영은 하지 못했다. 칸쿤을 여행하는 동안 서울의 저녁 수영 수강 등록을 놓치는 바람에 돌아와서 울며 겨자 먹기로 새벽 7시 수영으로 시간을 옮긴 후 호텔 수영은 잊고 지냈다. 그저 어서 중급반으로 올라가고 싶은 마음에 토요일 아침 7시 자유 수영도 꼬박꼬박 나갔다. 해도 해도 잘 안 느는 평영을 연습하던 중 이런 질문을 받았다.

"수력이 어떻게 돼요?"

"아, 시력이요? 제가 눈이 좀 많이 좋아요."

"시력 말고 수력이요. 수영을 얼마나 오래 했는지."

하마터면 시력 자랑을 할 뻔했다. 수영을 배운 지 햇수로 2년 차이지만 실제 강습 시간은 다 합쳐도 1년이 안 되는데, 2년 차라고 해야 하나. 2년이나 했는데 평영을 그렇게밖에 못하냐고 하면 어쩌지. 수력이 수영 경력의 줄임말이란 건 알겠는데, 어떻게 대답해야 할지 몰라 한참 뜸을 들인 후에 입을 뗐다.

"10개월 안 됐어요."

그러자 뜻밖의 답이 돌아왔다.

"평영을 잘해서 수영을 오래 했나 했어요."

그분의 덕담 덕인지 다음 달에 중급반으로 가게 됐고, 중급반 강사는 휴가지에서 해보라며 헤드업 평영을 알려 주었다. 고개를 계속 들고 헤드업 평영을 하려니 평소 평영을 할 때보다 몸이 더 물속으로 가라앉았다. 막상 배워보니 배웠다고 바로 할 수 있는 영법이 아닌 것 같았다. 겉보기엔 여유로워 보이는 호텔 수영도 역시나 연습이 필요했다.

이듬해 봄 치앙마이로 여행을 떠났다. 호텔만 가면 수영을 해야 하는 호텔수영병은 여전해서 수영장이 있는 호텔에 머물렀다. 이번엔 호텔 수영에 대한 마음을 비우고 수모와 수경을 여러 개 챙겨 갔다. 기대했던 사원 전망의 호텔 수영장에서 처음 수영을 하는 날, 콧노래를 부르며 선베드에 자리를 잡았다. 곧 저녁이라 그런지 수영장이 한적했다. 풍덩, 신나게 뛰어들었다가 수영장 물이 탁해서 깜짝 놀랐다. 여기서 수영을 해도 괜찮을까. 머리를 다시 물속에 넣고 싶지 않을 만큼 물이 탁했다. 헤드업 평영이 시급했다.

다음 날 아침 수경 대신 선글라스를 쓰고 수영장에 들어갔다. 혹시나 하는 마음으로 고개를 들고 몸을 사선으로 세운 채 팔다리를 천천히 저었다. 아니, 몸이 앞으로 나아가는 게 아닌가. 어, 이게 되네. 왜 되지? 느린 평영 킥과 머리를 물속에 담그지 않겠다는 강한 의지, 흐느적거리는 팔 스트로크가 우연히 만나 이루어낸 기적 같은 순간이었다. 얼떨결에 난생처음 여유롭게 호텔 수영을 즐겼다. 호텔 옆 금빛 찬란한 사원을 바라보며. 그날 이후 나는 호텔 수영을 할 줄 아는 몸이 됐다. 막상 고개를 들고 평영을 하며 수영장을 왔다 갔다 하니, 왜 그렇게 몸이 가라앉는 걸 두려워했을까 하는 의문이 들었다. 몸이 좀 가라앉으면 다시 몸을 띄워 자유형을 해도 되고, 일어섰다가 다시 수영을 시작해도 되는데.

수영장 선베드에 누워 느닷없이 호텔 수영 성공의 원인을 분석하다가, 여전히 왕성한 수영 세포 덕이라는 결론을 내렸다. 시도 때도 없이 유튜브를 찾아보고 꾸준히 연습을 한 시간이 쌓인 결과라고. 그러니 앞으로 호텔 수영처럼 어려워 보이는 일을 맞닥뜨려도 포기하지 않기로 했다. 포기하지 않고 계속하다 보면 불현듯 불가능이 가능으로 바뀌는 날이 올 테니. 그렇다면 나는 또 뭘 잘하게 될까? 그게 뭐든 벌써 기분이 좋다.

2

물속에서 발견한 마음

중급반에
가고 싶은 마음은

굴뚝같지만

"수영 오래 했는데 왜 아직 초급반이야?"

수영 강습을 받은 지 1년쯤 됐을 무렵, 함께 여행을 하던 친구가 물었다.

"1년 전부터 배우기 시작했는데 세 달 배우고 두 달 쉬고 하다 보니 강습은 7개월 받았나? 지금도 여행하느라 수영을 못 하잖아."

태연한 목소리로 말했지만, 답이 너무 길었다. 한마디로 요약하면 아직 중급반 갈 수준이 안 된다는 말. 나름 합리적인 이유를 찾으려고 했는데 구구절절 핑계만 댄 것 같아 씁쓸했다. 빙하기에 살아남은 공룡의 심정으로 코로나19 시국을 보내는 사이 본업인 여행 작가 일도 정체되어 있었는데, 모처럼 재미를 붙인 수영도 정체된 것 같아 시무룩해졌다. 팬데믹 후 다시 가이드북을 내기 위해 취재를 떠나서 느낀 건 '체력이 예전 같지 않구나', 돌아와서 느낀 건 '예전처럼 원고가 빨리 써지지 않는구나'였다. 그럴 때마다 늘 '40대라 그래'라며 나이 탓을 했는데, 수영 중급반에 가지 못하는 것도 나이 탓일까?

문득 저녁 9시 수영장 풍경이 떠올라 머쓱했다. 비슷한 시기에 초급반이었던 40대 회원 중 꾸준히 수영을 한 사람은 대부분 중급반에 가 있었다. 그들은 중급반에서 양팔 접영을 하는데, 나는 아직 한 팔 접영도 어설펐다(한 팔 접영을 배운 후 양팔 접영을 배운다). 생각이 거기까지 미치자 서글퍼졌다. 마치 입사 동기들은 과장이 됐는데 나만 평사원인 기분이랄까. 그래도 내가 초급반인 건 나이가 아니라 실력 때문이라고 생각하니 좀 나았다. 중급반으로 갈 실력이 되려면 시간이라는 도구가 필요했다. 한 글자 한 글자에 매달려 원고를 쓰듯 한 팔 한 팔에 집중하는 연습 시간. 글쓰기에 시간을 써야 글이 늘 듯, 수영에 시간을 써야 수영이 느는 것은 당연한 일 아닌가.

그때 다짐했다. 서울에 돌아가면 빠지지 않고 열심히 수영 강습을 받아서 중급반에 가리라. 그래서 신규 수강 신청에 뛰어들었는데, 저녁 수영 등록에 실패하는 바람에 딱 한 자리 남은 월·수·금 새벽 수영 초급반에 들어가게 됐다. 새벽 7시 초급반은 저녁 9시 초급반과 분위기가 사뭇 달랐다. 특공대 교관처럼 웃음기 없는 표정의 강사는 '출발'이라는 말 대신 물을 세게 팍 쳐서 신호를 보냈고, 회원들은 그 소리에 맞춰 일사불란하게 출발했다. 강사는 유아 풀과 초급반 레인을 오가면서 매의 눈으로 회원들의 동작을 분석해 한 명 한 명 피드백을 주었다. 내게는 자유형 스트로크를 할 때 엄지손가락부터 들어가서 새끼손가락부터 나와야 한다고 했다. 물을 잡아서 밀 때는 팔은 허벅지까지만, 리커버리 후에는 견갑골을 써서 팔을 쭉, 멀리 뻗으라고도 했다. 난생처음 듣는 아주 세밀한 피드백이었다.

식기세척기의 쾌속 버튼을 누르듯, 혹은 세탁기의 급속 세탁 버튼을 누르듯 신속하게 자세를 고치고 싶었지만 내 몸에 그런 버튼이 있을 리가 있나. 손가락에 신경을 쓰자 발차기가 느려졌고, 물을 잡을 때 팔을 허벅지까지 밀려고 하면 손바닥으로 허벅지를 때렸고, 견갑골을 어떻게 움직이지 생각하다 보면 팔이 허공을 허우적거렸다. 내 몸에 내가 농락당하는 기분이었다. 자유형뿐 아니라 배영이나 평영을 할 때도 몸이 마음대로 움직이지 않았다. 접영은 더 심각했다. 양팔 접영이 익숙지 않아 몸이 뜨지 않는 데다 팔을 제대로 뻗지 못했다. 그런 내 모습이 '어흥' 하는 호랑이 같기도 하고 물에 빠진 사람이 살려 달라고 허우적거리는 것 같기도 했다.

마음이 급해졌다. 양팔 접영을 제대로 해야 중급반에 갈 텐데, 그러려면 주 3일 수영으로는 부족했다. 매일 수영을 하기로 마음먹었다. 그것도 새벽 수영을. 혈혈단신 맨손으로 전쟁에 나가는 심정으로 수영 강습 수강 신청에 뛰어들었다. 하지만 새벽 7시 화·목·토 반에는 빈자리가 없었다. 다른 수영장이라도 다녀야 하나. 성동구도시관리공단 홈페이지를 뒤지다 최근에 문을 연 수영장 오전 10시 강습에서 빈자리를 발견했다. 결국 화·목·토요일엔 셔틀버스를 타고 서울숲복합문화체육센터로 출동하기로 했다. 집에서 조금 멀긴 해도 수영장이 지상에 있어 유리창 너머로 N서울타워가 보이는 점도 마음에 들었다. 또 셔틀버스를 운영하니 조금 일찍 나가서 셔틀버스를 타면 편하게 갈 수 있었다. 그런데 아침마다 수영 가방을 들고 슈퍼마켓 앞에서 노란색 셔틀버스를 타고 수영장에 가는 건 예상보다 번거로웠다. 하필 아이들이 유치원에 등원하는 시간이라 노란 셔틀버스가 너무 많이 오갔다. 내가 탈 셔틀버스를 재빨리 알아보고 손을 흔들어야 탈 수 있었다. 하루는 동시에 많은 셔틀버스가 도착하는 바람에 우왕좌왕하다 놓친 적도 있다. 그날 이후 아이들과 아이들 손을 잡은 엄마나 할머니들 옆에 서서 셔틀버스를 향해 기를 쓰고 수영 가방을 흔들었다. 어느 날 셔틀버스를 타려고 긴 오리발 가방을 흔들다 피식 웃음이 났다. 대치동 초등학생들이 좋은 학원에 들어가기 위해 또 다른 학원에 다닌다더니 내가 딱 그 꼴이 아닌가. 중급반이 뭐라고. 그래도 주 3일 하던 수영을 매일 하니 접영 자세가 조금씩 나아지는 것 같았다. 그러는 사이 집 앞 수영장의 새벽 7시 화·목·토 반 신규 수강 신청에 성공했다.

"선생님, 저 이번 달엔 매일 해요."

7월 첫날 치열한 수강 신청 경쟁에서 이긴 승자의 미소를 띠며 원래 다니던 수영장 초급반 강사에게 매일 수영 강습을 받는다고 어필했다. 강사는 나의 평영 물 잡기가 나아지고 있다고 했고, 나는 자세를 제대로 하려고 노력하고 있다고 또 한 번 어필했다. 중급반에 가고 싶은 나의 마음을! 7월 한 달간 꼬박꼬박 출석했다. 강사는 영법마다 뭐가 잘못됐는지 세심하게 설명해 주었다. 접영 발차기는 입수 킥과 출수 킥으로 나뉘는데 나는 입수 킥을 할 때 발로 물을 너무 세게 차고, 출수 킥을 할 때는 무릎을 너무 접는다고 했다. 같은 말을 반복해도 나아지지 않자 강사가 직접 나의 동작을 재연하며 이렇게 말했다.

"세상에 이런 출수 킥은 없어요."

민망해서 고개를 돌려 옆 레인을 보는데, 바로 옆 상급반 회원들이 날치처럼 날아오르며 접영을 하고 있었다. 세상에 없는 출수 킥을 하는 내게는 그 모습이 너무 대단해 보였다. 그래도 7월 말에는 초급반 강사에게 긍정적인 피드백을 받았다.

"이제 '어흥' 접영에서 좀 벗어난 것 같네요."

8월 1일이 되자 수영장 초급반 회원 수가 폭발적으로 늘어났다. 여름이 극성수기라더니 초급반 수영 레인이 터져 나갈 듯했다. 도대체 몇 명이야. 하나, 둘, 셋, 넷……. 몇 명이 레인에 서 있나 세어보니 17명이었다. 그중 세 번째로 서서 출발 사인을 기다리는데, 강사가 나를 보며 단호하게 말했다.

"앞으로 오세요!"

내가 초급반 1번이라니! 감격이었다. 1번은 물살을 가르고 나아가 쉬지 않고 영법을 해야 하는 사명(?)을 띠고 수영을 하게 된다. 다음 달엔 중급반에 가는 건가. 흥이 차오른 나는 뒷사람들에게 이렇게 나불댔다.

"이번 달 초급반 17명이에요. 이 정도 되면 중급반으로 좀 보내야 되는 거 아녜요?"

8월 3일 7시 5분쯤 초급반 레인으로 돌진하려다, 초급반 강사가 초급 회원 4명을 중급반 레인으로 데려가는 모습을 포착했다. 뒷걸음질 쳐서 중급반에 보내달라고 할까? 다리는 초급반 레인을 향하고, 고개는 중급반 레인을 향해 엉거주춤한 자세로 서 있었다. 그때 초급반 강사가 "회원님까지"라는 말로 나를 중급반 강사에게 인계했다. 수영을 배우려는 초보자가 몰리는 여름 극성수기에 파도에 밀리듯 중급반에 오게 되다니. 운이 좋다고 생각했다. 중급반 강습을 받기 전까지는.

그날 샤워실에서 만난 초급반 회원들이 한마디씩 했다.
"중급반에 가니 어때?"
"축하해. 중급반 가고 싶어 했잖아."
어떤 질문에도 내 대답은 같았다.
"힘들어요."
며칠 뒤 강습이 끝나고 수영장 25m 레일 끝에 다슬기처럼 매달려 있는데, 그 앞을 지나가던 초급반 강사가 손을 흔들며 물었다.

"어때요. 할 만해요?"

"선생님, 너무 힘들어요. (다시 돌아갈 수는 없겠죠?)"

중급반 타령을 하던 내가 막상 중급반에 오니 힘들다는 말을 입에 달고 살았다. 마치 취직만 하면 소원이 없겠다던 취준생이 회사에 입사하고 나니 힘들어서 퇴사하고 싶다는 격이랄까. 문득 이런 생각이 들었다. 수영장이 직장도 아닌데(직장이라도 그만둘 수 있지 뭐) 좀 못한다고 스트레스를 받고 그래. 오래 즐기고 싶은 취미를 찾았다는 것만으로도 좋지 않아? 뒤에서 따라 하다 보면 실력도 늘겠지.

글을 쓸 때 한 번에 한 자씩밖에 쓸 수 없듯 수영도 한 팔 한 팔 나아가는 거니까 마음을 느긋하게 먹기로 했다. 어차피 수영은 할머니가 될 때까지 할 거니까 조바심 내지 말고 동작을 하나씩 제대로 해보자. 그러다 보면 이번 생에 상급반까지 갈지도 모를 일이다. 상급반에 가면 수영 대회에도 출전하고! 꿈도 야무지지. 야무진 꿈을 꾸는 동안 나는 중급반 수영인 생활을 흠뻑 즐기련다. 나날이 늘어나는 수영복과 함께.

낯선 사람이란 없다,

아직 만나지 않은 친구가 있을 뿐

중급반이 되자 레인이 달라졌다. 초급반을 기준으로 1번 레인에서 5번 레인으로 옮겼을 뿐인데 어쩐지 수영장이 낯설게 느껴졌다. 사람들도 낯설었다. 초면인 사람도, 오다가다 샤워실에서 본 사람도 이름과 나이를 모르는 것은 매한가지였다. 낯선 공간에서 낯선 사람들과 수영하는 상황이 불안하면서도 설렜다. 마치 학창 시절의 새 학기처럼.

자꾸 긴장하는 이유는 한 가지. 중급반 1번 레인에 있던 기존 회원들이 젊은 사람들이 앞에 서라고 하는 바람에 앞에 서긴 하는데, 뒷사람이 바짝 따라오면 자세를 신경 쓸 겨를도 없이 고래상어에 쫓기는 크릴새우처럼 겁을 내며 수영을 하게 된다. 수영 강습 특성상 10명 안팎의 인원이 1번부터 끝 번호까지 순서대로 출발해 한 바퀴(50m)에서 네 바퀴(200m)씩 드릴이나 영법을 연습하는데, 4~5번을 맡은 내가 느리게 가면 뒤에서 오는 사람들도 내 속도에 맞춰 느려지고, 가장 먼저 출발했던 1번의 진로까지 방해할 수 있기 때문이다.

머리로는 앞사람을 바짝 따라붙지 않으면서 뒷사람에게 방해되지 않는 속도로 치고 나가자고 생각하는데 몸은 앞사람과 간격이 벌어지면 못 따라잡을까 봐 버둥댔고, 뒷사람이 바짝 다가오면 따라잡힐까 봐 바동바동했다. 그러다 뒷사람이 손으로 내 발을 치기라도 하면, 안 그래도 안 맞는 팔다리의 박자가 꼬이며 호흡곤란이 올 것 같았다. 그럴 땐 멈춰 서서 "먼저 가세요"라는 말로 순서를 양보했다. 뒷사람이 간격을 두지 않고 출발해 나를 압박하는 것인지, 내가 뒷사람을 막으면 안 된다는 강박에 허우적대는 것인지 헷갈렸지만 이것 하나는 분명했다. 연습이 필요해!

불안 지수를 줄이기 위해 토요일 자유 수영 시간에 더 열심히 연습하기로 했다. 나에게 필요한 건 팽팽한 긴장감이 아니라 씩씩한 발차기와 부드러운 팔 돌리기니까.

　매일 반이나 화·목·토 반을 다닐 경우 대부분 토요일은 강사가 없는 상태에서 자유 수영을 한다. 회원들에게 매일 수영할 권리가 있다면 강사들에게는 주 5일 근무할 권리가 있으므로. 회원들끼리 자유 수영을 하는 동안 일어날 사고를 대비해 안전 요원이 2명씩 배치된다. 토요일에 자유 수영을 하러 갔더니 중급반은 많아야 5~6명이 한 레인을 쓸 만큼 한적했다. 그 덕에 내가 연습하고 싶은 영법을 나만의 속도로 물속을 유영하는 기분이 상쾌했다. 샤워실도 평일보다 훨씬 한적해 느긋하게 씻을 수 있었다.

　평일 새벽 6시 수영 강습을 끝내고 나오는 사람과 7시 강습에 들어가려는 사람이 모여들며 인구 밀도가 높아지는 6시 50분경, 샤워실은 샤워기 쟁탈의 격전장이다. 빈자리를 찾아 두리번거리면 "여기 자리 있어요"라고 얘기해 주는 선한 '오지라퍼'도 있지만 이게 무슨 행패인가 싶은 빌런도 있다. 샤워를 하고 있는데 누가 말도 없이 밀고 들어와 내가 쓰던 샤워기로 샤워를 하는 통에 화들짝 놀란 적이 있다. 지어낸 이야기처럼 들리겠지만, 수영장 샤워실의 샤워기는 분명 1인용인데 1인용 샤워기 아래 2명이 머리를 들이대는 사태가 종종 발생한다. 깜빡이도 안 켜도 들어오는 차처럼 몸을 밀어 넣는 비매너도 문제지만, 수요는 많은데 샤워기가 부족한 것이 근본적인 문제다. 애초에 샤워실을 더 크게 설계했더라면 샤워기를 둘러싼 암투는 일어나지 않을 것이다.

"연습은 최고의 스승이다"라는 고대 로마 극작가 푸블릴리우스 시루스의 말을 되새기며 상쾌하게 자유 수영을 하고 느긋하게 샤워를 하고 난 어느 토요일이었다. 머리를 말리려는데 중급반 2번 레인 회원 한 명이 옆으로 쓱 다가왔다. 며칠 전 뒷사람에게 쫓기듯 수영하던 내가 레인을 잡으려다 실수로 그녀의 손 위에 내 손을 포갰을 때 환하게 웃으며 괜찮다고 한 사람이었다. 혹시 헤어 에센스가 없나? 수분 크림이 없나? 뭐든 빌려주겠다는 마음으로 바라보는 내게 그녀는 뜻밖의 말을 건넸다.

"우리 또래 아니에요?"

"우리? 아, 나이요? 내가 더 많을 거예요."

"에이, 나 81년생이에요."

"나는 78년생이에요."

"아, 언니구나. 저 친구랑 커피 마실 건데 시간 되면 같이 갈래요?"

나이 조사에서 커피 플러팅으로 훌쩍 건너뛰는 81년생 아무개 씨의 빠른 전개가 놀라웠다. E(MBTI)가 분명했다. 조찬 모임이 있는 CEO도 아니고, 토요일 아침 8시 반에 시간이 안 될 이유가 없었다. 어차피 집에 가서 마실 커피인데 같이 마시는 것도 괜찮을 것 같아 그러자고 했다. 수영장에서 스타벅스까지 걸어가는 사이 81년생 아무개 씨는 빈속에 맥주 한잔 걸친 것 같은 하이 텐션으로 나를 언니라 부르며 재잘댔다. 그냥 E가 아니라 극E가 분명했다. 커피숍 안으로 들어서자 또 다른 81년생 아무개 씨가 자기 쿠폰으로 커피를 사겠다고 했다. 그렇게 이름 모를 언니와 이름 모를 동생 둘이 둘러앉아 통성명을 했다.

"호영 아니고 효영?"

"계화? 개화 아니죠?"

셋 다 받아쓰기 틀리기 딱 좋은 이름이었다. 이름을 몇 번이나 다시 물어본 후 내 이름을 알려 주었다.

"나는 우지경이에요. 오 아니고, 우유 할 때 우."

호영이 아니고 효영과 개화 아니고 계화와 대화는 자연스럽게 수영 이야기로 흘러갔다.

"나는 수영이 너무 재밌어요."

"나도!"

"이제 막 중급반에 와서 정신은 없지만 재미있어요. 수영한 지는 얼마나 됐어요?"

"오래됐는데."

"나도 오래됐어요. 코로나 시국에 쉬어서 몇 년인지 가물가물해요."

"나는 코로나 시국에 시작했어요."

"수영장 문 다시 열었을 때요?"

"응, 그때는 강사가 마스크 쓰고 강습을 했다니까요."

여행지에서 또 다른 여행자를 만나 여행 정보를 교환할 때처럼 이야기가 끊이지 않았다. 어서 중급반 타짜가 되고 싶은 초짜답게 내가 두 사람에게 궁금했던 것은 수력이었지만, 둘 다 오래 했다고 대답하는 바람에 정확히 파악하지는 못했다. 그런데 얼마나 수영에 진심인지 느껴졌다. 한 친구는 수영과 사람을 좋아하는 티가 팍팍 났고, 또 한 친구는 수영이면 수영, 요가면 요가, 골프면 골프, 어떤 운동을 해도 꾸준히 잘 해낼 것 같았다. 뜻밖의 유쾌한 대화를 나누며 생각했다. 수영이 좋아서 수영장에 모인 사람들의 결은 비슷하구나. 다음에도 토요일 자유 수영 후에 함께 커피를 마시자며 커피숍을 나서는데, 들어갈 때만 해도 낯선 이였던 사람들이 동네 친구처럼 가깝게 느껴졌다.

"언니, 오늘 왜 수영 안 왔어? 커피 마시러 와요."

일어나자마자 '망했다'라고 생각한 어느 아침, 이런 카톡을 받았다. 새벽 수영을 시작하고 나서는 아무리 늦게 자도 6시 반에는 눈이 번쩍 떠진다고 믿었는데, 눈을 떠보니 7시 17분이었다. 할 일이 태산인데 수영장에도 안 가고 씻지도 않은 채 침대에 누워 있다니. 자책할 시간에 커피나 마시자 하고 카페로 나갔더니 효영과 얼굴만 아는 중급반 2번 레인 회원이 앉아 있었다. 수영인들 사이에서 궁극의 수경이라 불리는 스피도 패스트스킨 하이퍼 엘리트 미러 수경을 쓰고 수영하는 모습이 노련한 선수 같아 거리감이 느껴졌는데, 이름을 소개하는 모습이 꼭 나 같아서 반가웠다.

"최 아니고 채소 할 때 채아빈이에요."

"아, 채송화 할 때 채요? 이름 예쁘다. 나는 우지경."

"근데 왜 수영 안 왔어요?"

"수영장에 뛰어가도 7시 반이 넘을 것 같아서요."

죄 지은 사람처럼 기어들어 가는 목소리로 대답하는 내게 채소 할 때 채아빈이 웃으며 말했다.

"어차피 할 샤워, 30분에 와서 20분이라도 수영하고 씻고 가요."

꽁꽁 언 내 편견을 깨는 도끼 같은 한마디였다. 그날의 커피는 진하고 따뜻했고, 그날의 수다는 소금빵처럼 고소하면서도 짭조름했다. 얼굴만 아는 사이에서 수영 후 커피 마시는 사이로 관계의 온도가 달라지는 시간이었다. 그때 예감했다. 앞으로는 이 친구들 보고 싶어서 수영장에 열심히 가겠구나. 수영 후 30분의 커피 수다만으로도 하루를 잘 보낼 에너지를 얻겠구나.

내 예감은 절반은 맞고 절반은 틀렸다. 우리는 커피뿐 아니라 밥, 술도 함께 하는 친구가 됐다. 다른 이야기를 하다가도 수영 이야기에 열 올리는 친구들 덕에 모임은 늘 화기애애했다. 근사한 브런치 카페에 가도 물 잡기 이야기만 나오면 한 명이 벌떡 일어나 시연하고 나머지는 호응하는 장면이 연출됐다. 같이 술을 마신 다음 날, 같이 해장 수영(?)을 하고 모닝커피도 마셨다. 계화가 말하길, 아무래도 수영이 해장에 도움이 되는 것 같다고. 아무렴, 그렇고말고.

 이 친구들을 생각하면 "낯선 사람이란 없다. 아직 만나지 않은 친구가 있을 뿐이다"라는 아일랜드 속담이 떠오른다. 중급반에 와서 제일 잘한 일은 효영이 커피 한잔 하자고 했을 때 따라나선 것이라는 생각도 든다. 그 덕에 취미를 공유하는 수영 친구가 생겼고 일상이 더 리드미컬해졌다. 앞으로 낯선 공간, 낯선 사람들 사이에서 무얼 시도하든 '낯선 사람=아직 만나지 않은 친구'라고 여기면 세상이 더 살 만할 것 같다.

수영하기 전엔 몰랐던

수영장 텃세

"이제 상급반 온 애가 이렇게 화려한 나이키 수영복을 입어? 싼 수영복 사 입어."

수영장에서 주워들은 이야기다. 헛웃음이 났다. 샤워실에서 내 자리니 비키라고 한다거나 드라이기를 쓰면 노려본다는 이야기에 경악했는데, 수영복까지 이거 입어라 저거 입어라 하다니. 대체 수영장 텃세의 끝은 어디일까? 텃세 올림픽 대회에라도 출전하려는 것일까. 초급반 시절 나이키 수영복을 입었던 내가 저런 텃세를 당했으면 어땠을까. 상상만 해도 등골이 오싹했다.

 그날 밤 집에 돌아와 '텃세'를 검색해 보았다. 텃세의 사전적 정의는 '먼저 자리 잡은 사람이 뒤에 들어오는 사람에 대해 가지는 특권 의식, 또는 뒷사람을 업신여기는 행동'이다. 먼저 상급반에 들어온 회원이 나중에 상급반에 들어온 회원에게 특정 브랜드의 수영복을 입어라 말아라 하는 것은 특권 의식에서 비롯된 행동이란 얘기인가?

 문득 저녁 9시 초급반을 나보다 오래 다닌 회원이 떠올랐다. 내가 평영 발차기가 너무 안 된다고 답답해하면, 하다 보면 는다고 응원해 주며 침대에서 하는 평영 발차기 연습 팁을 알려준 친절한 분이었다. 그 덕에 잠들기 전 침대에 매달려 평영 발차기를 연습하곤 했다. 어느 날 가는 둥 마는 둥 아주 느린 평영으로 수영장 끝에 겨우 다달았는데 초급반 강사가 반기며 "회원님, 슈트가 잘 안 벗겨지는데 지퍼 좀 내려줄래요?" 하고 부탁했다. 나는 "아, 네" 하고는 지퍼를 내려주는데 늘 친절했던 회원이 나타나 눈에서 레이저를 쏘며 "둘이 뭐 하는 거야?" 하고 물었다. 수온은 27.4℃인데 시선은 50℃. 순간 내가 뭘 잘

못한 건가 싶어 눈만 껌벅거렸다. 참고로 그 수영 강사는 얼마 후 보디빌딩 대회에 출전한다고 퇴사할 정도로 막대한 근육의 소유자였다. 그날 이후 그 회원이 더 이상 내게 친절하지 않게 느껴진 것은 기분 탓이겠지.

그러고 보니 새벽 7시 중급반에 처음 간 날도 생각난다. 중급반 강사가 기존 회원들을 먼저 출발시키고, 초급반에서 온 회원 셋을 출발선에 남으라고 해서 자세를 잡아줬다. 그랬더니 "저 봐, 젊은 여자한테만 잘해 준다니까" 하는 소리가 들렸다. 나와 20~30대 회원 셋이 다 여자긴 했지만 그런 시선으로 바라볼 일인가? 투덜대던 기존 회원은 강사 욕을 하고 싶었던 걸까? 초급반에서 온 신규 회원에게 적대감을 드러내고 싶었던 걸까? 그 또한 텃세일까? 아닐 거야. 상급반에 오려면 떡을 돌려라 정도 돼야 텃세지. 불현듯 수영장에서 받은 문자가 떠올랐다. 정확한 문장은 기억나지 않지만, 상급반에 오려면 떡을 돌리라는 제보를 받았으니 이런 텃세를 겪었다면 주저 말고 이야기하라는 내용이었다. 당시 같은 초급반이었던 남편과 나는 그 이야기를 안주 삼아 술을 마셨다.

"상급반에 갈지 말지 정해 주는 건 강사인데, 떡을 돌리라는 게 말이 돼?"

"그러게, 떡이 그렇게 먹고 싶은가? 술도 담배도 아니고 떡이면 여자 회원이 그런 거겠지?"

그날 이후 떡 돌리는 풍습도 싫어졌다. 떡을 돌리라고 강요하는 텃세가 이상한 것이지 맛있는 떡을 나눠 먹는 문화는 아름다운 것인데 말이다.

수영장에 과연 이런 텃세가 많을까? 궁금해서 이 수영장 저 수영장 다녀본 회원에게 물어봤다.

"언니, 다른 수영장 다닐 때 떡 돌리라는 얘기 들은 적 있어요?"

"그럼 있지. 그땐 새로운 사람이 오면 떡을 돌리라고 했어."

"진짜? 떡이 그렇게 먹고 싶은가?"

"간식 쏘라는 거지. 간식을 쏴야 편해져. 말도 마, 그때는 총무들이 뻑 하면 돈을 걷었어."

"왜요?"

"명절엔 떡값, 스승의날엔 선생님 선물 챙겨준다고."

둘이 이런 이야기를 하고 있으니 평소 말수가 없던 회원이 자기도 그런 일을 당했다고 증언했다. 때마다 돈을 걷고 단체 수모를 사서 쓰라고도 했다고. 단 두 명의 경험담으로 수영장 텃세를 일반화할 수는 없지만, 단합이란 명분으로 개인의 의향은 무시한 채 단체 행동을 강요하는 일이 횡행했던 것 같다. 만일 내게 그런 일이 일어났다면 간식은 쏴도 단체 수모는 차마 못 쓰겠다고 버텼을 것 같다. 수영복과 수모를 비슷한 계열로 코디해서 입는 게 얼마나 큰 재미인데. 그러고 보니 중급반 기존 회원 중 몇몇이 AM7이라는 하늘색 수모를 쓰던데, 단체 수모였구나.

특별한 날 강사에게 고마움의 표시로 돈을 걷어 건네는 게 적절한지에 대해서는 의견이 분분할 것이다. 매월 수강료를 내고 배우는데 선물까지 해야 하냐고 생각하는 사람도 있고, 스승의날에는 작은 선물이라도 하고 싶은 사람도 있을 것이다. 각자 개별적으로 감사를 표한다면 문제가 되지 않을 텐데, 그럴 마음이 없는 사람들에게 돈을 내라고 강요하는 일부 회원들의 처신이 텃세 문화를 만든 게 아닐까.(여기에 수영 강사 처우도 문제였으리라 생각한다. 그 시절 수영 강습을 듣지 않은 나로서는, 누가 봐도 강사의 처우가 합당하다면 회원들이 십시일반 돈을 걷어 고마움을 표시하려는 생각은 하지 않았을 것이라 짐작할 뿐이다.)

선을 넘는 참견과 물질적 텃세(떡, 촌지, 수모) 외에 또 어떤 수영장 텃세가 있을까? 다시 한번 텃세의 의미를 살펴보자. '텃세란 먼저 자리를 잡은 사람이 뒤에 들어오는 사람에 대해 가지는 특권 의식, 또는 뒷사람을 업신여기는 행동'을 말한다. 사전적 정의를 처음 읽었을 때는 '특권', '업신' 같은 단어가 크게 신경에 거슬렸는데 두 번 세 번 읽다 보니 '자리'라는 단어에 눈이 갔다. 아마도 내가 중급반에 온 이후 수영장에서 느끼는 텃세가 자리 문제이기 때문일 것이다.

비가 오나 눈이 오나 매일같이 오리발을 신고 수영하는 회원들의 자리 텃세다. 공식 오리발 데이는 월·화요일인데 나이가 들어 체력이 달린다는 이유로 매일 오리발을 착용하고 수영하는 연장자들이 있다. 오리발 데이가 아닌 날엔 오리발을 신은 덕에 다른 회원들보다 빠른데, 막상 오리발 데이에는 오리발을 신어도 느린 경우가 허다하다. 결국 출발할 때 맨 뒤에 선 연장자가 1번의 앞길을 막고 1번 뒤 2번, 3번, 4번 모두가 정체되며 속도가 느려지는 사태가 왕왕 발생한다.

강사가 그분들에게 속도가 느리니 오리발 데이에는 중급반 1번 레인에서 수영을 하라고 했더니, 나이 들었다고 무시하냐며 불같이 화를 냈다는 이야기만 전해 들었다. 내가 속한 중급반은 2개 레인을 쓴다. 중급반 1번 레인에선 초급반에서 갓 넘어온 회원과 중급반에 온 지 오래됐어도 속도가 느린 회원, 2번 레인에선 1번 레인보다 속도가 빠른 회원들이 강습을 받는다. 누구보다 온화한 얼굴로 수영을 하는 연장자들이지만, 먼저 그 자리에서 수영을 했다는 것을 특권으로 여기고 오리발 데이 규칙도 어기고, 레인을 이동하라는 강사의 말도 무시한 채 그 '자리'를 굳건히 지키는 태도야말로 텃세 아닌가. 그 모습을 보면 왜 할르텔(할머니들의 카르텔)이라는 은어가 생겼는지 알 것도 같다.

요즘 중급반 1번 레인과 2번 레인을 오가며 내 체력과 실력을 가늠하는 중이다. 지난해 여름 나와 함께 중급반 1번 레인으로 왔던 회원들이 더 이상 수영 강습에 나오지 않고, 나보다 늦게 중급반에 왔지만 실력과 체력이 나은 회원들이 2번 레인으로 넘어갔다. 그러자 이상한 책임감 같은 게 샘솟았다. 아, 이제 내가 1번이구나. 수영을 빨리 해서 앞으로 치고 나가야지. 오리발 데이엔 롱 핀을 신고 1번을 자청해 미친 듯이 발을 차다가 깨달았다. 롱 핀을 신어도 자유형을 10바퀴 이상 돌기엔 체력이 부족하다는 것을. 문득 내가 먼저 중급반에 왔다고 해서 늦게 왔지만 체력 좋고 실력도 빨리 느는 20대 회원의 앞길을 가로막고 있는 것은 아닌가 하는 생각이 들었다. 그래서 요즘은 이런 말을 자주 한다.

"먼저 가도 돼요."

"먼저 출발할래요?"

부디 나보다 오래 수영한 회원들도 나이가 들수록 체력이 떨어진다는 것을 받아들였으면 좋겠다. 나이 들었다고 무시하냐는 말을 하기 전에, 나이 들었다고 아무 때나 오리발을 착용하는 건 수영장 규칙을 무시하는 행동이 아닌지 스스로 돌아보기를 바란다.

자리 텃세로 수영장을 떠나는 철새가 있을지도 모른다는 생각은 해보셨는지. 그런 의미에서 요즘 생각이 많아졌다. 한동안 '적어도 나 때문에 수영장 다니기 싫다는 사람은 없어야지' 하는 마음으로 수영장을 오갔다. 나이 들수록 입은 닫고 지갑을 열라는데, 지갑을 열어도 돈이 없으니 말이라도 줄이자 다짐하며.

누가 수영하면

살 빠진다 했나요?

"수영하면 살 빠져요?"

"그렇게 수영하는데 살 안 빠져요?"

'매일 수영하는 생활 수영인'으로 커밍아웃을 하면 이런 질문을 종종 받는다. 내 몸 임상 실험 결과를 밝히자면 이렇다. 저녁 수영을 할 땐 살이 전혀 안 빠졌다. 저녁 9시 수영을 마치고 집에 돌아가는 길엔 늘 갈증이 났다. 숨만 쉬고 살 때도 목이 마르다는 말을 입에 달고 살았는데, 음파 음파 호흡 탓인지 수영을 시작한 후에는 더 목이 말랐다. 목이 마르면 물을 마시면 되지만 맥주가 당겼다. 목이 마르다는 핑계로 남편과 편의점에 들러 맥주 4캔을 사 들고 집에 돌아와 2캔씩 사이좋게 나눠 마시고 잠들었다. 처음엔 맥주에 과자 한 봉지로 시작했던 것 같은데 안주가 점점 화려해졌다. 먹태나 치킨을 배달시키고 참치회를 포장 구매해 오기도 했다. 힘들게 수영했으니 먹어도 되겠지 하는 보상 심리까지 작용해 수영 후 야식 루틴이 생겨버렸다. 이렇게 수영하면 살 안 빠진다는 걸 보여주는 좋은 표본이랄까. 말짱 도루묵은 이럴 때 쓰는 말이지 싶었다. 아, 그러고 보니 도루묵을 안주로 먹을 생각을 못 했네.

저녁 수영에서 새벽 수영으로 시간을 바꾼 후엔 살이 조금씩 빠지기 시작했다. 공복 상태에서 운동을 하는 데다 운동 후 맥주와 야식을 먹지 않으니 지방을 태우는 효과가 나타나는 듯했다. 주 3일에서 매일로 새벽 수영 강습을 늘리고 필라테스까지 병행하고 나서는 야금야금 살이 빠지기 시작했다. 중급반이 되어 초급반보다 운동 강도가 높아졌을 때 물 들어온 김에 노 저어보자는 마음으로 흰쌀밥 대신 곤약밥, 삼겹살 대신 닭가슴살, 빵과 과자 대신 오이나 토마토를 먹으려고 노력하자 몸무게가 더 줄긴 했다. 그 덕에 인생 최대 몸무게에서 탈출해 살 빠졌다는 말을 듣긴 했지만 여전히 군살 없이 마른 몸과는 거리가 멀었다. 무엇보다 계속 그런 식단을 유지하며 운동을 지속할 자신이 없었다. 수영하고 나면 얼마나 식욕이 당기는데!

수영장에 다녀오는 길엔 오직 한 가지 생각만 머릿속에 맴돌았다. 오늘 뭐 먹지? 베이커리에 들러 빵을 사 오기도 하고, 반찬 가게에 들러 나물 반찬을 사 와 한식을 차려 먹기도 했다. 배에 손을 대고 한 점 부끄럼 없이 성실히 허기를 채우다 보니 새벽 수영 후 아침 식사를 챙겨 먹게 됐다. 지금 생각해 보면 초급반 때는 운동량이 그리 많지도 않았을 텐데 공복 수영이 처음이라 그런지 집에 돌아오면 허기가 져서 책상 앞에 앉을 기운도 없었다. 최대한 빨리 입안에 음식을 넣고 싶었다. 수영 후 즉시 먹기 좋은 '스윔 푸드'를 찾아 헤매던 나의 선택은 냉동 만두. 아침부터 허겁지겁 만두를 먹었다. 나중에 알게 된 사실인데 고강도 운동 후 공복을 유지하면 몸은 계속 운동 중이라고 생각하는데, 무언가 먹는 순간 운동 모드 스위치를 끄게 된다고. 즉 고강도 운동 후 컨디션을 회복하려면 음식물 섭취가 필요하단 말씀. 난생처음 공복 운동을 해본 내 몸엔 새벽 수영 초급반도 고강도였던 모양이다.

중급반으로 옮긴 후에도 새벽 수영 후 아침 식사는 포기할 수 없었다. 대신 건강한 메뉴를 찾아보기로 했다. 여러 종류의 냉동 만두를 전전하다가 칼로리와 양이 적은 굽네 닭가슴살 김치만두로 정착했다. 만두를 먹지 않을 땐 그릭 요구르트에 블루베리나 구운 계란을 먹기도 했다. '아침이라 만맥(만두에 맥주)을 하지 않으니 다행이지 뭐'라고 생각하며 허기를 채웠다. 수영은 칼로리 소모가 많지만 물속에 있다 보면 체온이 떨어지고, 체온이 떨어지면 기초체온 유지를 위해 고열량 음식이 당긴다는 기사를 읽고 나서야 수영 후 식욕이 당기는 증상을 이해했다.

그 후로도 쭉 식욕은 줄지 않았다. 대신 힘이 났다. 책상 앞에 앉아 어제 쓴 글을 고치다가 집 앞 요가원으로 뛰쳐나갈 힘이. 잘 먹으며 꾸준히 수영을 하다 보니 수영 후 요가를 다녀올 체력이 생긴 것 같다. 식욕을 줄일 수 없다면 운동량을 늘이기로 마음먹고 수영과 병행할 지상 운동을 찾아 필라테스와 테니스, 요가를 시도했다가 요가에 정착했다.

요가는 호흡을 멈추지 않고 몸의 움직임에 집중하는 운동이라는 점이 수영과 비슷하다. 수영도 요가도 호흡이 빨라지고 버텨야 하는 순간이 많은데, 견디는 시간만큼 몸과 마음이 조금씩 단단해지는 것 같다. 수영과 요가의 차이점은 마지막 인사다. 수영 강습은 한결같이 파이팅을 외치며 끝내는데, 요가 수련을 마칠 때는 강사가 인사말을 건넨 후 '나마스테 Namaste'로 마무리한다. 요가원 강사 중 보미 선생님의 인사말이 유난히 기억에 남는다.

"여러분의 모든 경험과 도전을 온 마음으로 응원합니다."

그날 보미 선생님에게 클로징 멘트가 참 좋다고 했더니 "하루하루가 도전이잖아요"라는 답이 돌아왔다. 매일이 도전이지만 함께 도전하는 사람들이 있어 조금은 덜 힘든 것 같다. 일도 수영도 요가도. 그래서 나는 내 몸을 기꺼이 수영장 물에 빠뜨리고 요가 매트 위에 앉혀 외면했던 내 몸과 친해지는 중이다.

그래서 살은 좀 빠졌냐고? 놀라지 마시라. 1월 한 달간 수영(자유 수영 포함) 20회, 요가 수련도 15번이나 했는데 1월 2일과 1월 31일의 몸무게가 똑같다. 수영장만 열심히 다닌 게 아니다. 요가, 실내자전거 타기도 꽤 했다. 스마트 체중계로 체크해 보면 몸무게는 변함없지만 기초대사량이 늘고 있다. 수영과 요가를 하지 않았더라면 몸무게가 늘었을 것이라 스스로 위로해

본다. 기초대사량이 늘어난 덕에 일주일에 두세 번은 7시 수영을 다녀와 간단히 아침을 먹고, 11시 요가에서 돌아와 점심을 먹어도 정신 줄을 놓지 않고 책상으로 출근하는 프리랜서가 돼가는 중이다. 언젠가는 요가로 탄탄해진 몸으로 멋지게 물의 저항을 이겨내리라 믿으며.

지금도 요가원에 가기 전 이 글을 쓰고 있다. 오늘은 침대 탈출에 실패해, 수영장에 못 갔다는 얘기다. '실패는 빠르게 잊고 새로운 가능성의 상태로 들어서라'는 보미 선생님의 말처럼 내일은 일찍 수영장에 갔다가 빈야사 요가 수련을 마치고 맛있게 점심을 먹을 생각이다. 뭐 먹지? 돈코쓰라멘을 먹을까, 만둣국을 먹을까? 이 얼마나 미래지향적인 수영인인가. 내일의 점심 메뉴를 생각하니 오늘의 점심을 먹기도 전에 기분이 좋아진다.

힘들 땐 도망가자,

수영장으로

"아, 할 일이 너무 많은데 못 하겠어."

지난여름 내내 이 말을 입에 달고 살았다. 돌아서면 마감이었다. 사보 마감 돌아서면 가이드북 마감. 가이드북은 분량만 376페이지라 써도 써도 써야 할 원고가 남아 있었다. 그 와중에 도서관에서 글쓰기 강의까지 시작했더니 내가 자초한 일에 좌초된 기분. 외출할 약속도 잡지 않고 방구석에서 원고만 쓰다 보니 오늘이 내일 같고 내일이 오늘 같았다. 날은 또 어찌나 더운지. 끝이 보이지 않는 일과 더위에 지친 나는 헛소리도 자주 했다.

"여보, 출판사에 연락 좀 해줘. 나 죽었다고."

"그래, 우 작가가 죽었다고 전해 달래요, 카톡 보내줄게."

"여보, 나 산에 들어가서 책 다 쓰고 나올까?"

"그래, 어서 들어가."

남편은 그때 진심으로 내가 산에 들어가길 바랐다는데, 나는 속세를 떠나 산에 가는 대신 수영장에 갔다. 알람 소리가 울리면 벌떡 일어나 수영 가방을 들고 밖으로 나왔다. 한 친구는 수영 갈 시간에 원고를 써보라고도 했지만, 나는 기어코 눈만 뜨면 수영장으로 갔다. 그곳에 물이 있으니까.

어서 물속에 풍덩 뛰어들고 싶었다. 그렇지 않으면 침대와 한 몸이 되어 있을 테니. 침대에서 유튜브 영상까지 보기 시작하면 말로는 할 일이 많다면서 몸은 움직이지 않는 무기력한 하루가 될 게 뻔했다. 무기력의 늪에 빠지지 않으려면 일단 일어나서 씻어야 했다. 그러고 나서 입수하면 그때부터는 바깥세상과 단절이었다.

"출발!"

매일 이 소리를 들으며 벽을 탁 찬 후 물속에서 출발을 했다. 출발과 동시에 오른손 엄지를 왼손에 걸어 두 손을 단단하게 포개고, 양팔을 귀에 닿을 정도로 앞으로 쭉 뻗으며 스트림라인(물의 저항을 최소화하기 위해 몸을 유선형으로 만드는 자세)을 만든다. 그저 팔다리를 쭉 뻗고 있을 뿐인데 물속에서 미끄러지듯 앞으로 나아간다. 그 순간 소음이 사라진다. 몇 초간 물과 나 사이에 아무도 끼어들지 않는다. 고요한 물속에 혼자 있는 기분이 든다. 물은 말이 없다. 나를 재촉하지도, 탓하지도 않는다. 그저 뭐든 해보라고 든든하게 내 몸을 받쳐준다.

"울고 싶어서 수영장에 갔어요. 물속에서 울면 아무도 모르니까."

하루는 잠영을 하다가 오래전 회사 동료에게 들은 말이 떠올랐다. 이혼 후 한동안 울기 위해 수영장에 갔다는 말. 내가 기껏 건넨 말은 "우와, 수영 엄청 잘하겠네요!"였다. 뇌 CPU에 부하가 걸리도록 생각 공장을 가동해도 위로의 말이 떠오르지 않아서 그랬다. 그때는 몰랐는데 이제는 왜 수영장이 그녀의 도피처였는지 알 것 같았다. 물이 말없이 보듬어주었겠지. 어쩌면 그녀도 잠영을 좋아하지 않았을까. 고요한 자발적 고립의 순간을.

잠영은 고립의 순간이기도 하지만 속도감이 느껴지는 찰나이기도 하다. 수영장 밖의 내 삶이 아무리 지리멸렬해도 물속에서 미끄러지듯 나아가는 그 순간은 스피디하니까. 나는 이 속도가 줄어들기 전에 힘차게 돌핀 킥을 차기 시작한다. 돌핀 킥 서너 번이면 추진력을 받은 몸이 수면으로 떠오른다. 이제 멈출 수 없다. 팔로는 물은 잡아 밀고 발차기를 하며 앞으로 나아갈 뿐이다.

이제부터는 몸이 힘들어서 마음이 힘들다는 것은 생각할 틈이 없다. 방금 자유형 네 바퀴를 돌고 왔는데, 풀부이(누에고치 모양으로 다리 사이에 끼우면 하체를 띄워 주는 기구)를 끼고 자유형을 네 바퀴 돌라고 하지 않나. 그리고 나서 풀부이를 제거하라고 해 좋아했더니, 갈 때는 자유형 발차기에 평영 손, 올 때는 접영 발차기에 평영 손으로 또 네 바퀴 돌란다. 헉헉. 이렇게 숨이 차게 수영을 했는데 시계를 보니 아직 30분도 지나지 않았다. 몇 바퀴를 더 버텨야 하나. 가쁜 숨을 몰아쉬며 다시 출발한다. 이 힘듦을 견디고 나면 강습이 끝난다. 분명히 힘들었는데, 뭔가 시작할 수 있을 것 같은 에너지가 차오른다.

뜨거운 물로 샤워하고 머리를 말리고 몸에 보디로션을 촉촉하게 바른 후 밖으로 나서면 아침 8시 30분. 아무것도 못할 것 같았던 어제는 지나갔고, 오늘은 이제 시작이다.

  아침부터 수영장에서 버텼으니 오늘 하루는 잘 버틸 수 있을 것도 같다. 어제 안 써지던 글이 오늘은 잘 써질지도 모를 일이다. 일단 배가 고프니 아침밥부터 먹고.

  매일 아침 그런 마음으로 수영장에서 돌아와 락스 냄새 풍기며 식사를 했다. 아침을 먹으며 인스타그램에 수영 이야기를 올렸다. 해시태그는 #오수완(오늘의 수영 완료). 그러고는 책상에 앉아 노트북을 켰다. 오늘은 오늘 분량의 글만 써보자는 마음으로. 그렇게 여름이 가고 가을이 왔다. 가을에도 여전히 수영장과 집을 오가며 하루하루 버티는 와중에 도서관 글쓰기 강의 결과물로 수강생들의 글을 엮은 책을 냈다. 겨울에는 내가 쓴 책도 출산, 아니 출간했다. 이후에도 매일 수영장에 갔다. 내 인스타그램은 온통 수영 이야기로 가득했다. 심지어 중장년층의 자기 계발을 돕는 50플러스센터에서 '브런치 작가 되기' 강의 제안을 받은 후엔 '수영이 좋아서'라는 브런치 북을 연재하기 시작했다.

  강의와 브런치 북 연재에 열을 올리던 중 "인스타에서 작가님의 건강하고 프레시한 일상을 구경하면서 저 혼자 힐링하고 있어요"로 시작하는 메일을 받았다. 인스타그램에 종종 올리는 수영 이야기를 재미있게 읽고 있는데, 콘텐츠로도 소개하면 좋을 것 같다는 인터뷰 요청이었다. 매체는 정관장의 화애락이라는 브랜드에서 만드는 사보 〈심〉이고, 인터뷰 주제는 '삶의 리프레시가 간절히 필요할 때 가장 빠르고 드라마틱하게 변화를 가져다주는 운동 예찬'이었다.

인터뷰에서 이런 이야기를 했다.

"일상의 반복이 지겨웠던 것 같아요. 마감 끝나고 마감, 계속 한자리에 정체되어 있는 느낌. 그럴 때 수영을 시작했어요. 같은 자리에서 팔다리만 휘젓고 있는 줄 알았는데 매일 조금씩 앞으로 나아가고 있더라고요."

정말이지 수영장으로 도망 다니길 잘했다. 그 덕에 운동 무능력자였던 내가 운동 예찬론자로 인터뷰를 다 하다니. 그것도 내 인터뷰가 〈마녀체력〉의 저자 이영미 작가 인터뷰와 나란히 실릴 줄이야! 이 영광을, 말없이 나를 안아준 수영장 물에 돌리고 싶다. 매일 빡세게 굴려준 수영 강사님들과 그 힘든 시간을 함께 버틴 수친(수영 강습을 받는 친구)들에게도 감사의 말을 전한다.

얼죽수?

얼어 죽어도 새벽 수영

"수영 가자!"

북극한파에도 새벽 6시 즈음 울리는 카톡방이 있었다. 7시 반 수친들이 모여 있는 단톡방이다. 누가 먼저 시작하든 하는 말은 비슷하다.

"굿모닝, 수영 가자."

"지금 일어났어. 엄청 갈게."

수영 가자는 친구의 말에 잠이 덜 깬 나는 이렇게 답을 보냈다. '얼른 갈게'라고 쓰려다 생긴 오타였다. 친구는 내가 간다는 건지 안 간다는 건지 헷갈려도 어서 오라고 말해 주었다. 우리는 수영장에서 만나 반갑게 인사를 나누고 각자의 위치에서 힘차게 수영을 했다. 체감온도 영하 18℃라고 한 날에도 카톡을 주고받으며 밖으로 나섰다.

"너무 춥다고 하니 이불 밖으로 나가기가 겁나네."
"모스크바 사람처럼 입고 나와."

맹추위에도 우리는 눈만 뜨면 서로 수영장에 가자고 맹렬히 용기를 북돋웠다. 롱 패딩에 털모자, 장갑까지 완전 무장을 했지만 해 뜨기 전 새벽은 정말 어둡고 추웠다. 어찌나 추운지 29.4℃의 수온이 따뜻한 온천물처럼 느껴졌다. 날씨 탓인지 그날 중급반 1번 레인 출석 인원은 달랑 5명이었다. 5명 중 첫 번째로 출발해, 크리스마스 전까지 할 거라는 킥판 드릴을 계속 했더니 숨이 차서 강사에게 앓는 소리를 했다.

"이러다 크리스마스 전에 죽겠어요."

쿨하게 받아치는 말은 "호상이네"였다.

살아 있음에 감사하며 킥판 드릴을 끝내고 접배평자(접영, 배영, 평영, 자유형 순으로 하는 것)를 반복하다가 또 힘들어 헥헥거렸더니 이번엔 강사가 먼저 물었다.

"사람이 적으니까 더 힘들어요?"

"네, 너무 힘들어요."

그러자 돌아온 따뜻한 한마디.

"다행이네."

그러게 말이다. 얼어 죽어도 수영할 각오로 나섰더니 추위 따위는 잊게 해주는 격렬한 수영 강습 덕에 다행히 열을 내며 살아서 집에 돌아왔다. 한겨울에도 새벽 수영으로 시작하는 하루가 얼마나 상쾌한가 생각하며. 집에 돌아와 잠든 남편을 깨우면 남편은 수영장 냄새가 난다고 했다. 지금도 그해 겨울을 생각하면 알싸한 새벽 공기와 수영장 냄새가 먼저 떠오른다.

이 이야기만 들으면 내가 엄청 갓생을 사는 새벽형처럼 보일 것이다. 그렇다. 나는 타고난 새벽형이다. 알람이 울리기도 전에 눈을 뜬다……라고 말하고 싶지만 그런 일은 좀처럼 없었다. 내 돈 내고 새벽 수영을 할 생각은 더욱이 없었다. 누가 1억을 준다고 하면 모를까. 이유는 단순하다. 밤에는 잠들기 싫고 아침에는 일어나기 싫은 저녁형 인간이었으니까. 직장 생활을 할 때도 야근보다 출근이 힘들었고, 여행 작가가 된 후엔 여행을 가지 않는 이상 새벽에 눈을 번쩍 뜨는 일은 드물었다.

수영을 처음 시작할 때 저녁형 인간답게 저녁 수영을 택했다. 수영 강습 시간은 대개 새벽 수영, 오전 수영, 오후 수영, 저녁 수영으로 나뉜다. 저녁 중에서도 가장 늦은 시간에 시작하는 9시 수업이 있길래, 자기 전에 씻고 자자는 마음으로 그 시간에 등록했다. 하루 일과를 끝내고 홀가분하게 수영을 하면 좋겠다 싶기도 했다. 마감을 하다 보면 자꾸 밤늦게까지 글을 쓰게 되는데, 9시에 수영을 가려면 그 전에 일을 마무리해야 할 테니.

수영을 못 가게 발목을 잡는 훼방꾼은 일보다 저녁 약속이었다. 주 5일 수영 강습을 등록했지만 저녁 약속이 있거나 급한 마감이 있으면 주 2~3회는 빠지기 일쑤였다. 하루는 저녁 9시 초급반 강사에게 이런 말을 들었다.

"회원님은 월·수·금 반이죠?"

"저 매일 반인데요."

"회원님이요?"

"네, 화·목에 온 적도 있어요"라고 항변했더니 강사가 피식 웃으며 말했다.

"오늘 들은 이야기 중 제일 충격적이네요."

비록 월·수·금 반 같은 매일 반이었지만, 저녁 수영 후 샤워를 마치고 집에 돌아온 날은 꽤나 뿌듯했다. 하루의 끝에서 느끼는 작은 성취감이랄까. 그러던 중 한 달간 여행을 떠나게 됐다. 신규 등록이 미꾸라지에게 안경 씌우기만큼 힘든 일인 줄 모르고 재등록을 하지 않은 채. 여행에서 돌아와 수영을 계속 배우려면 여행지에서 수강 신청이라는 큰 산을 넘어야 했다. 신규 수강 신청은 재등록 기간이 지나야 할 수 있는데, 그때는 시간대별로 자리가 몇 개 남지 않아 경쟁이 치열했다. 9시 정각, 수강 신청이 시작되자마자 클릭해야 등록 가능성이 높은데, 캐나다에서 시도하려니 시차라는 벽도 있었다. 그깟 산과 벽 따위 의지로 뛰어넘자. 호기롭게 아이폰 알람을 여러 개 맞추며 의지를 불태웠다. 하지만 잠이 의지를 이겼다. 쿨쿨 자고 일어나니 모든 수강 신청이 이미 마감된 상태였다. 내가 왜 그랬을까. 분명 알람 소리를 들었는데 끄고 다시 잠들다니. 이제 어쩌지?

다행히 내게는 '혹시나' 정신이 있었다. 여행에서 돌아오자마자 수영장에 전화를 걸어 지금이라도 수강 신청을 할 수 있는지 물었다. "등록할 수는 있는데, 자리가 있어야 하죠. 누가 취소해야 그 자리에 들어갈 수 있어요"라는 답이 돌아왔다. 그때만 해도 대기 제도가 없어, 운이 좋으면 누군가 취소한 자리를 잡을 수 있었다. 역시나 수강 신청은 넘기 힘든 산이었다. 그래도 혹시나 하는 마음에 수영장 홈페이지를 들락거리다가 새벽 7시 월·수·금 반 한 자리를 발견했다. 7시가 왜 아침 수영이 아니라 새벽 수영으로 분류되는지 갸우뚱했지만 그걸 따질 때가 아니었다. 문제는 7시 강습을 받으려면 집에서 6시 40분에는 출발해야 한다는 것. '과연 내가 할 수 있을까?' 하는 생각에 몇 초간 망설였다. '과연 내가?'를 돌림노래처럼 몇 초 더 반복하다가 접수 버튼을 눌렀다. 망설임은 등록을 놓칠 뿐(신규 수영 강습 등록 광탈을 경험해 본 사람이라면 알 것이다). 선택의 여지가 없었다. 오늘의 도전을 내일의 내가 후회할지라도 얼른 수강 신청을 하는 수밖에. 도전의 또 다른 이름은 일단 클릭! 그러고는 총알 배송보다 빠르게 결제까지 마쳤다(애써 접수 버튼을 눌러놓고 정해진 시간 내에 결제하지 않으면 등록이 자동 취소된다). '아니다 싶으면 6월에 저녁 수영으로 바꾸면 되지' 하는 마음으로. 결석을 좀 하더라도 안 하는 것보다는 낫지 싶었다. 한 달이나 수영을 못 배웠으니 어서 수영을 배우고 싶다는 열망이 컸다. 야, 나도 새벽에 일어날 수 있어! 속으로 큰소리를 쳤다.

문득 묘안이 떠올랐다. 이름하여 '시차 적응 부적응 전략'. 여행을 다녀온 직후라 한동안 시차 적응이 어려워 새벽에 눈을 뜰 테니, 그때 재빨리 수영장으로 가는 게 전술이었다. 예상대로 첫날은 새벽 5시에 눈이 저절로 떠졌다. 5시쯤 일어났더니 수영장에 가기 전 커피 마시며 책을 읽어도 시간이 남았다. 낯선 내 모습보다 더 믿기지 않는 것은 수영장 풍경이었다. 아침 댓바람부터 수영장에 이토록 많은 사람이 모여 있다니. 초급, 중급, 상급 할 것 없이 레인마다 활기가 넘쳤다. 새벽 수영인들의 에너지를 받아서인지 일주일이 지나고 나서도 새벽에 눈이 떠졌다. 매일 아침의 목표는 수영장 가기. 침대에서 일어나는 순간 도전이 시작됐다. 올빼미처럼 살던 내가 6시 55분에서 7시 사이에 수영장에 있다는 것만으로도 대견했다.

저녁 9시 수영을 다닐 땐 약속이 생기면 빠지곤 했는데, 아침 7시에는 약속이 생길 일이 없으니 일어나기만 하면 갔다. 새벽 수영을 시작한 지 한 달이 되자, 이왕 시작한 김에 한 달 더 해볼까 하는 마음이 싹텄다. 그 덕에 매일 부엌을 비추는 여름 햇살을 보며 하루를 시작했다. 햇살을 보면, 일어난 김에 오늘 하루도 잘 지내보자는 마음이 절로 들었다. 새벽 수영 세 달 만에 중급반으로 승급하자 저녁 수영으로 돌아가겠다는 생각은 더 이상 하지 않게 됐다. 일찍 일어나는 방법도 터득했다. 당연한 말이지만 일찍 일어나는 비결은 일찍 잠드는 것이다. 새벽에 깨면 일어난 김에 샤워하러 수영장에 간다는 마음으로 문밖을 나섰다. 어차피 샤워는 해야 하니까. 그렇게 새벽 수영은 나의 새로운 루틴이 됐다. 새벽 수영을 그만두면 하루아침에 다시 저녁형 인간으로 돌아갈지 몰라도, 저녁형으로는 오래 살아봤으니 새벽 수영을 하며 아침형 인간의 삶도 즐겨보고 싶다.

"여러분, 우리 함께 새벽 수영을 하며 아침형이 됩시다!"라고 말하려는 건 아니다. 저녁 수영보다 새벽 수영이 좋다고 주장하는 것도 아니다. 새벽 수영이냐 저녁 수영이냐는 커피냐 맥주냐만큼 고르기 힘든 문제다. 새벽 수영이 상쾌하게 하루를 시작하기 좋다면 저녁 수영은 개운하게 하루를 마무리하기 좋으니까. 다만 '나는 저녁형 인간이라 새벽 수영은 못해. 미러클 모닝은 다음 생에'라고 생각했던 게 아쉬울 뿐이다. 저녁형이라는 게 A형, B형 같은 혈액형처럼 타고나는 것도 아닌데 스스로 한계를 지을 필요는 없지 않나. 못하는 게 아니라 안 하는 것일 수 있으니까.

혹시 나처럼 저녁형에서 아침형으로 라이프스타일을 바꿔보고 싶다면 아침에 좋아하는 일을 시작해 보라고 권하고 싶다. 운동도 좋고, 먹고 싶은 아침 메뉴를 정해 두는 것도 좋다. 샤워하러 수영장 가기처럼 어차피 해야 할 일에 하고 싶은 일을 결합시키는 1+1 전략도 효과적이다. 누구라도 눈뜨자마자 하고 싶은 게 생기면 일찍 일어나는 방법을 찾게 될 것이라 믿는다. "하기 싫은 일에는 핑계가 생기고, 하고 싶은 일에는 방법이 생긴다"는 필리핀 속담처럼.

입고 싶은
수영복을

입을 용기

"또 사?"

인스타그램에서 수영복 광고를 클릭하려는 찰나, 남편이 물었다. 물옷을 또 사려다 들킨 나는 괜한 광고 탓을 했다.

"아니, 자꾸 인스타그램 광고가 떠서 구경하는 거야. 근데 이 수영복 예쁘지?"

"그만 사. 수영복이 대체 몇 개야?"

하나, 둘, 셋, 넷, 다섯…… 손가락을 접어가며 속으로 세어 보니 7개나 됐다. 주 6일을 꼬박 나가도 다 못 입을 만큼 수영복이 많다니. 그간 꾸준히 육지 옷은 안 사고 물옷만 산 결과였다. 크리스마스에도 빨간 스웨터 사 입을 생각은 못 했지만, 빨간 산타 수모를 사서 썼다.

이쯤 되니 수영이 좋아서 자꾸 수영복을 사는지, 수영복이 좋아서 자꾸 수영을 하러 가는지 헷갈릴 지경이다. 수영복이 충분한데 왜 또 사고 싶은 걸까. 잠시 성찰에 빠진 내게 남편이 일침을 날렸다.

"수영복 살 돈 모아서 겨울 코트 사는 게 어때?"

일리 있는 말이다. 코트가 수영복보다 비싸긴 해도 수영복 한 벌에 5만~10만 원은 하니까 그동안 사 모은 수영복을 합치면 그 돈으로 코트 한 벌은 충분히 살 수 있다. 게다가 올겨울은 유난히 춥다는데 따뜻한 코트가 필요하지 않을까. 남편 말에 고개를 끄덕이면서도 수영복 광고에서 눈을 떼지 못한 채 머리를 굴렸다. 오로라 그린을 살까, 오로라 핑크를 살까. 20% 세일해서 4만 7200원이라는데.

며칠 후 수영복 브랜드 라세린이 이런 알림 톡을 보냈다.

"우*경 님, 주문하신 상품이 배송 중이에요."

수영복을 사고 또 사는 내게도 단벌 수영복 시절이 있었다.

수영을 하고 싶은데 수영복은 입기 싫었던 시기다. 내가 고른 나이키 빌런레드 수영복은 색깔은 예뻤지만 수영복을 입은 내 모습이 영 마음에 들지 않았다. 운동과 담을 쌓고 살아온 40대의 몸이었다. 하필이면 나이키 빌런레드 수영복을 입고 초급반에서 수영을 배우던 중 4주간 뉴욕, 캐나다를 거쳐 칸쿤까지 여행을 떠나게 됐다. 여행을 떠나기 전 써야 할 원고가 산더미였다. 그땐 가이드북 작업 중이라 공항에 가기 직전까지 쇼핑할 겨를이 없었다. 속으로 '칸쿤에선 비니키를 입어야 편할 텐데'라고 생각할 뿐이었다. 화장실 가기에도 원피스 수영복보다 비키니가 편하니까. 안 되면 뉴욕이나 칸쿤에서 비키니를 사려고 생각했지만, 타이밍을 놓치는 바람에 마르고 닳도록 입은 나이키 빌런레드 수영복을 입고 리조트 수영장에서 시간을 보내게 됐다. 칸쿤에서도 원피스 수영복을 입은 사람은 있었지만 나처럼 수영 강습용 원피스 수영복을 입은 사람은 없었다. 다들 원숄더나 배가 노출되는 디자인에 형광색, 핑크색 등 화려한 색과 디자인의 수영복을 입고 있었다. 찬란한 수영복보다 부러웠던 건 배가 얼마나 나왔든, 엉덩이가 크든 작든 개의치 않고 자기가 입고 싶은 수영복을 당당하게 입은 모습이었다. 그 가운데 하필 자주 입어서 늘어나고 닳은 나이키 빌런레드 수영복을 입은 내가 초라한 불청객처럼 느껴졌다. 그때 생각했다. 있는 그대로의 내 몸을 사랑하자. 입고 싶은 수영복을 입자.

서울에 돌아와 흰색 끈이 돋보이는 스웨이브 세리니티 크로스에이백 딥그린 수영복을 주문했다. A자 모양으로 끈이 크로스되는 백 디자인이 예뻐 보였다. 수영복에 맞춰 쓸 수모는 후그 화이트 폴리우레탄 코팅 수모로 골랐다. 수모는 소재에 따라 크게 스판, 폴리우레텐 코팅, 실리콘 코팅, 실리콘 수모로 나뉘는데 그때만 해도 실리콘 수모 입문 전이라 코팅 수모를 샀다. 새로 산 물옷을 입어보니 끈 사이로 튀어나오는 등살이 마음에 들지 않았지만, 주문처럼 칸쿤에서 했던 생각을 되뇌었다. 내 몸을 사랑하자.

두 달 후엔 매일 새벽 수영을 하기로 마음먹은 내가 기특하다는 명목으로 에디블 라이트 U백 샤인그린 수영복을 샀다. 식물의 어린 싶을 닮은 밝은 초록색 U백 수영복으로. U백 수영복은 등 라인을 U자로 만들어 등살도 많이 가려주고 착용감이 편할 것 같았다. 두 수영복을 번갈아 입으며 열심히 수영을 하다 보니 어느덧 새벽 수영 3개월, 초급반 10개월 차에 접어들었다.

한 팔 접영도 버거웠던 내가 어설프지만 양팔 접영으로 25m 끝까지 갈 수 있게 됐다. 기뻤다. 이 기쁨을 새 수영복을 입고 누리고 싶었다. 그동안 단색 수영복만 입었으니 이번엔 패턴이 있는 수영복을 입어볼까? 그러자 꽃무늬, 딸기 무늬, 기하학무늬 등 온갖 패턴의 수영복이 눈에 들어왔다. 너무 많아서 결정 장애가 올 정도였다.

첫 패턴 수영복이니 이왕이면 좋아하는 패턴으로 마음이 기울었다. 일명 땡땡이로 통하는 물방울무늬 수영복을 찾기 시작했다. 오래전부터 물방울무늬를 좋아했다. 지금도 옷장에는 폴카 도트 원피스만 세 벌 걸려 있다. 물방울무늬 원피스 애호가답게 남색 바탕에 잔잔한 흰색 물방울무늬가 프린트된 후그 수영복을 사기로 마음먹었다. 그런데 이 수영복의 백 스타일이 너무나 다양한 게 아닌가. 등 부분이 X자로 교차되는 크로스백, 어깨끈이 V자로 모여 견갑골 아래로 내려오는 V백, 끈을 매듭지어 입는 타이백 등. 고심 끝에 한 번도 입어보지 않은 타이백 스타일을 사기로 했다. 모델들이 수영복을 입고 찍은 화보가 실린 룩북에는 레드, 그린, 네이비 타이백 수영복이 있었고 모델들은 수영복과 세트인 듯 보이는 물방울무늬 수모를 쓰고 있었다. 수모까지는 과해 보여 수영복만 주문했다.

후그 네이비 물방울무늬 수영복이 도착한 날, 콧노래를 부르며 언박싱을 했다. 수영복은 예상대로 몹시 마음에 들었다. 그런데 물방울무늬 수모가 따라올 줄은 몰랐다. 수영복을 샀다고 수모를 공짜로 주니 고맙긴 한데, 어린이 수영단에 딱 어울릴 만한 스판 수모였다. 남편에게 보여줬더니 "설마 그걸 쓰고 수영할 건 아니지?"라는 반응이 돌아왔다. 내 눈에도 아동용처럼 보였다. 그런데 어느 날 문득 이런 생각이 들었다. 좀 유치하면 어때. 다른 사람들은 빨강, 노랑에 형광색 수모도 쓰는걸. 남 눈치 보지 말고 써보자.

물방울무늬 수영복에 물방울무늬 수모를 쓰고 수영장에 갔다. 여느 때처럼 5분쯤 지각해서 동동걸음으로 걸어가는데 중급반 사람들이 일제히 나를 쳐다봤다. 그리고 수영을 하다 잠시 숨을 고르는 순간에 다들 한마디씩 했다.

"세상에 물방울무늬 수모가 있어?"

"수영복이랑 깔맞춤한 거야?"

"너무 귀엽다."

어린이 수영단원 대하듯이 내 머리를 쓰다듬는 사람도 있었다.

"아우, 눈 아파."

강사는 안 본 눈 살 기세로 나를 놀렸다. 수년간 수영장에 다녔지만 물방울무늬 수영복에 물방울무늬 수모를 맞춰 쓰고 온 사람은 내가 처음이란 말도 들었다. 그날 이후 나는 땡땡이로 통했다(수영장에서 통성명을 하지 않은 회원을 복장의 특징으로 부르는 경우가 많다). 누군가는 나를 점박이라고도 불렀다. 물방울무늬가 좋아서 물방울무늬 수영복을 샀을 뿐이고, 물방울무늬 수영복을 샀더니 물방울무늬 수모가 따라와서 썼을 뿐인데 이렇게까지 이목을 끌 줄 몰랐다.

그 후 나의 수영복 쇼핑은 더욱 과감해졌다. 그다음으로 산 수영복은 에디블의 밴드컨트롤 오픈형 엑스백 비바마젠타 수영복이다. 이걸 남편에게 보여줬더니 이런 반응이 돌아왔다.
"뭐, 케첩 같네."
케첩이라니. 걸어 다니는 케첩이 되고 싶진 않은데. 아니, 케첩이면 어때. 내가 입고 싶은 수영복을 입고 매일 수영한다는 게 중요하지. 이후에 수영장에서 마젠타색 수영복을 입었더니, 물방울무늬 수영복을 입을 때마다 눈이 아프다고 놀리던 강사가 알은체를 했다.
"수영복에 돈 많이 쓰네요."

"네. 수영은 안 늘고 수영복이 늘고 있어요."

"그렇죠, 뭐. 예쁘네."

내심 수영이 늘었다는 말을 기대했는데, 케첩색 수영복이 예쁘다는 말을 들었다. 수영이 아니라 수영복으로 칭찬을 받다니. 피식 웃음이 났다.

그 후로도 티막 보라색, 센티 블랙 마블 프린트, 르망고 호피 무늬까지 입고 싶은 색과 디자인의 수영복을 사다 보니 어느새 수영복이 12개가 됐다. 수영복이 늘자 보관도 쉽지 않았다. 서랍이 12칸인 사무용 정리함을 사서 착착 개어 넣으며 수영복은 12개를 유지하기로 다짐했다. 새 물옷을 사려면 헌 물옷을 당근마켓에 팔고 사자. 이름하여 '수영복 12개 유지 조약'을 나 자신과 체결했다. 그렇게 여러 수영복을 사서 입어보니 나한테 어떤 색과 어떤 백 디자인이 어울리는지 데이터가 쌓여 갔다. 데이터만큼이나 쌓인 것은 수영복 쇼핑몰, 가나스윔의 포인트와 할인 쿠폰이다. 그 덕에 사고 싶은 수영복을 조금이나마 싸게 사는 혜택을 누리는 중이다.

수영복을 싸게 사는 노하우도 조금은 늘었다. 11월 말이면 브랜드마다 블랙 프라이데이 할인을 하는데, 이때 50% 이상 저렴한 가격에 수영복과 수영용품을 살 수 있다. 주변에는 해외 브랜드를 직구로 싸게 사는 수영인도 있다. 나는 아직 직구까지는 시도하지 않았지만 꾸준히 수영복을 사다 보면 직구의 달인이 될지도 모를 일이다. 해외여행을 갈 때 면세점 온라인 쇼핑몰에 입점한 브랜드(리얼리굿스윔, 루프루프, 르망고 등)를 사는 것도 저렴하게 구입하는 방법이다.

내일은 무슨 수영복 입고 수영하러 갈까? 매일 행복한 궁리를 한다. '오리발 데이라 접영을 많이 할 테니(접영을 과격하게 하다 보면 수영복 가슴선이 점점 아래로 내려온다) 가슴선이 높은 수영복 중에서 골라야지', '핸드 패들을 쓰는 날이니 핸드 패들 색이랑 어울리는 파란색 수영복을 입어야지' 하는 식이다. 내일의 나를 그려보는 것만으로도 마음이 수영장 물결처럼 찰랑인다.

수영 장비
쇼핑 팁

수영복

 실내 수영장용 수영복은 원피스와 반전신(하반신을 덮는 형태) 스타일로 나눌 수 있다. 원피스는 말 그대로 위아래가 일체형인 수영복. 골반 라인이 얼마나 파여 있느냐에 따라 로우 컷, 미들 컷, 하이 컷으로 분류되는데 미들 컷이 무난하다. 또 등 디자인에 따라 끈 타입의 X백, Y백, 파여 있는 형태의 U백, V백, 하이넥 백 등으로 세분화된다. X백, Y백 끈 타입은 예쁘지만 입을 때 끈이 꼬일 수 있고, 입고 벗기 편한 수영복을 찾는다면 U백을 추천한다. 반전신 수영복은 허벅지가 가려져 원피스 스타일에 비해 노출 부담이 적다. 하반신 길이에 따라 2부, 3부, 5부로 나뉜다. 무릎 위까지 내려오는 스타일을 원하면 5부 수영복을 구매할 것.

　수영복을 살 때 고민되는 것 중 하나가 의외로 브랜드다. 브랜드별로 특징이 있고 상징(나이키는 상급자용으로 여겨지곤 한다!)도 있다. 지금까지 내돈내산으로 입어본 수영복 브랜드를 싹 모아 소개한다. 브랜드별 특징을 알면 쇼핑이 조금 수월해지니까. 살까 말까 망설여질 때는 일단 사고 보자. 새 수영복을 사면 수영복을 입고 싶어서 수영장에 가고 싶어지니까.

나이키 스윔 Nike Swim
좋아하는 브랜드가 나이키라면 손이 먼저 갈 것이다. 나이키는 패턴 원단이 거의 없고 다양한 컬러의 솔리드 제품을 선보인다. 단, 중·상급자들이 주로 입는 듯.

라세린 Laserin
입으면 인어공주가 될까 광어가 될까 고민되는 비늘 패턴 수영복을 비롯해 오로라나 웨이브 패턴의 원피스 수영복과 비키니를 선보이는 브랜드. 신축성이 좋은 편이다.

르망고 Lemango
'우리는 항상 당신을 빛나게 한다(We Always Make You Shine)'라는 슬로건처럼 실내뿐 아니라 야외 수영장에서 입으면 빛을 발하는 화려한 색감과 패턴의 디자인이 많다. 신축성도 좋다.

리얼리굿스윔 Reallygoodswim
나는 꽃무늬에 반해 입문한 브랜드지만, 이 브랜드의 스트라이프나 다이아몬드 패턴, 은은한 컬러의 솔리드 수영복을 즐겨 입는 수영인이 많다. 수모도 다양하다.

센티 Senti
잔잔한 꽃무늬부터 과감한 호피 무늬까지 갖가지 패턴의 수영복이 있다. X백 스타일도 화려하다. 블랙 프라이데이 세일에서 두 벌 장만했는데, 짱짱하게 몸을 잡아주면서 촉감이 만족스럽다.

스웨이브 Swave
가슴선이 높은 원피스 수영복을 찾는다면 눈여겨볼 브랜드. 솔리드 컬러부터 다양한 패턴의 원피스 수영복이 있다. 그중에서도 아치백, 버클 백리스 디자인이 눈길을 끈다.

아레나 Arena

이탈리아어로 경기장을 의미하는 브랜드명처럼 이탈리아에서 시작해 세계적으로 유명해진 브랜드. 스포티한 디자인이 주를 이루며 수영을 갓 시작한 초보부터 수영 대회에 나갈 실력의 상급자까지 아우른다.

움파 Oompaa

이름에서 수영하는 순간이 느껴지는 브랜드. 매월 새로운 디자인의 수영복을 한정 수량 출시하며, 아가일 체크 패턴 등 시그너처 디자인은 연중 판매한다. 브랜드 로고가 콕 박힌 수모도 인기다.

애디블 Addible

솔리드 컬러나 스포티한 원피스 수영복이 돋보이는 브랜드. 아직 시도해 보지 않았지만 백리스 버클 수영복과 등에 지퍼가 달린 원피스 수영복도 예쁜 디자인이 많다.

키치피치 KitschPitch

브랜드명처럼 톡톡 튀거나 율동감 있는 패턴의 원피스 수영복과 귀여운 수모를 선보인다. 크로스 백 디자인이 안정적이고 착용감도 짱짱하다.

티막 Tmark

출발대의 긴장감을 이름에 담은(Take your mark, Tmark) 브랜드로 다양한 원피스와 반전신 수영복을 선보인다. 그중 에어누디 시리즈 U백 디자인이 뒤태를 잘 살려준다.

후그 Hoog

디자인의 다양성에 초점을 맞춘 브랜드. 물방울무늬 수영복을 누구보다 먼저 선보였으며, 반짝이는 빛과 오묘한 색을 담은 펀샤인 시리즈도 인기다. 무엇보다 백 디자인이 다양해 선택의 폭이 넓다.

수모

수영 모자도 디자인이 다양하다. 실용적 측면에서 소재별 특징을 살펴보자.

스판 수모

라이크라 소재로 쓰고 벗기가 편하다. 단, 물이 통해서 머릿결이 나빠진다고 한다.

메시 수모
스판 수모보다 통풍이 잘된다. 물론 물도 더 잘 들어오지만 머리에서 나는 열을 빼주는 데 탁월하다.

실리콘 수모
머리에 착 달라붙어 벗겨질 염려가 적고 방수 기능이 높다. 따라서 머릿결 보호에 도움이 된다지만, 쓰고 벗을 때 머리카락을 잡아당기는 것 같다.

실리콘 코팅 & 폴리우레탄 코팅 수모
실리콘 수모처럼 보이지만 패브릭에 실리콘이나 폴리우레탄으로 코팅을 입혔다. 겉은 실리콘처럼 매끈한데 속은 포근해 쓰고 벗기 쉽다. 단, 방수 기능은 실리콘 수모에 비해 약한 편이다.

수경

수영장에서 수경은 내 눈을 지켜주는 보디가드다. 트레이닝, 레이싱, 오픈워터용으로 구분하는데 수영 강습용으로는 트레이닝 수경이면 충분하다. 미러 수경은 미러가 없는 제품보다 시야가 덜 환하지만 밖에서 눈동자가 보이지 않아 편안한 감이 있다.

수경도 스피도, 나이키, 발키리, 미즈노, 뷰, 후그 등 브랜드마다 디자인이 다른데 렌즈 크기와 색에 따라 착용감과 시야가 달라진다. 특히 레이싱 수경 중 스피도의 패스트스킨 하이퍼 엘리트 미러수경(아시안핏)이 인기다. 이 수경을 쓰면 수영선수로 빙의된다고!

수경을 고를 때 중점적으로 살펴야 할 것은 눈 주위를 감싸는 실리콘 패킹 유무다.

패킹 수경
착용감이 부드러워 초보자에게도, 장시간 수영 시에도 부담이 적다. 패킹으로 밀착감이 좋아져 물이 잘 새지 않는다.

노 패킹 수경
패킹이 없기 때문에 압박감이 있을 정도로 꽉 눌러쓴다. 덕분에 패킹 수경보다 썼을 때 날렵해 보인다. 밀착된 만큼 저항력이 적어 중·상급자에게 추천한다. 단, 밀착이 제대로 안 되면 물이 들어올 수 있다.

태어난 김에

가족 수영

"남자 친구야?"

남편과 저녁 9시 수영 강습을 다닐 때의 일이다. 같은 시간에 도착해도 늘 나보다 남편이 빨리 샤워를 마치고 수영장에 먼저 들어갔다. 종종걸음으로 수영장에 들어서다 남편과 눈이 마주치면 반가워서 웃었더니 이런 질문을 했다.

"남편이에요"라고 말했을 때의 반응이 더욱 놀라웠다.

"활짝 웃길래 남자 친구인 줄 알았지. 남편 보는데 웃음이 나와?"

대체 남편 얼굴을 보면 어떤 표정을 지어야 하는 거지? 울화가 치밀어 째려본다? 쯧쯧 혀를 차며 실눈을 뜬다? 눈도 안 마주치고 모른 척한다? 얼쑹덜쑹했다. 다행인지 불행인지 남편은 도통 늘지 않는 수영이 재미없다며 수영을 그만두었고, 홀로 남은 나는 수영장에서 눈빛이 와이파이처럼 연결될 남편이 없어서 더 이상 그런 말을 듣지 않게 됐다.

새벽 수영을 시작하고 나서 함께 수영하는 부부를 보게 됐다. 레인 하나를 사이에 두고 미소를 주고받으며 동작을 봐주는 다정한 부부, 수영 강습 후 벤치에서 아내가 나오길 기다리는 남편 등 사이좋은 부부 수영인의 모습이 참 보기 좋았다. 나도 그 대열에 끼어볼까 하는 마음에 남편을 새벽 수영 초급반에 데려가고 싶었지만, 안 그래도 피곤한데 새벽부터 더 피곤할 수 없다는 강경한 반대에 부딪혀 실패했다. 나의 평영을 교정해 준 초급반 강사라면 배포자인 남편도 배영을 할 수 있는 기적을 일으킬 텐데. 정말이지 아쉬웠다.

사실 내 눈에 다정다감한 부부보다 더 부러운 건 모녀 수영을 하는 이들이었다. 새벽부터 언덕길을 정답게 올라가는 모녀

나, 엄마와 앞뒤로 수영하는 딸이나, 잠시 호흡을 가다듬는 시간에 엄마와 팔짱을 끼고 있는 딸을 보면 부럽다는 생각이 절로 들었다. 그럴 때면 '나도 엄마랑 수영장에 다니던 때가 있었지', '엄마랑 동생이랑 셋이 같은 시간에 수영 강습을 받았는데' 하며 아련한 추억에 잠기곤 했다. 초등학생 때라 기억이 가물가물하지만, 나는 킥판을 잡고 발차기를 정말 열심히 했으며 엄마 웃음소리는 경쾌했다.

엄마는 어디서나 주변 공기를 밝게 만드는 사람이었다. 집에서도 식당에서도 시장에서도, 심지어 병원에서 항암 치료를 받느라 힘든 상황에서도 유머와 웃음을 잃지 않았던 엄마의 목소리는 여전히 내 아이폰 속에 남아 있다.

내가 서울에 살지 않고 엄마와 가까이 살며 같이 수영을 했더라면 엄마는 암에 걸리지 않았을까? 만약 그랬다면 엄마와 나도 나란히 상급반에 다녔을까? 문득문득 이런 생각이 밀려오면 어디선가 "지경아" 하고 다정하게 내 이름을 부르는 엄마의 나직하고 따뜻한 목소리가 들리는 것 같다.

모자 수영을 하는 엄마와 아들도 꽤 보였다. 나와 같은 중급반 1번 레인의 한 회원이 내게 아들이 상급반인데 수영을 안 가르쳐준다고 푸념한 적이 있다. 호기심에 아들이 누구인지 물었더니, 쟤가 아들인데 수영을 얼마나 잘하는지, 대회에 나가서 상은 또 얼마나 많이 탔는지, 자식 자랑이 랩처럼 이어졌다. 지금 쓰고 있는 수모도 아들이 대회 나가서 받은 거라며 자랑하는 모습이 정겨워서 한참을 들었다. 이왕 들은 김에 추임새도 넣었다.

"아들이랑 같이 수영해서 좋으시겠어요."
"에이, 아들이 무슨 소용이야, 딸이 최고지. 자기도 엄마랑 같이 수영해."
"아, 엄마가 돌아가셔서요."
"아이고, 너무 빨리 가셨다."
"저 어릴 때는 아니고, 4년 전에."
"빠르지. 우리 시어머니는 90이 넘었는데 아직 살아계셔."
"하하하."

그날 나는 엄마처럼 명랑하게 웃었던 것 같다. 그게 웃을 일이 아니었을지라도.

나는 아직 한 번도 해본 적 없는 가족 수영을 꿈꾼다. 이모와 조카가 함께 하는 이조 수영? 나의 조카는 지금 런던에 살고 있지만 "한국에 가면 이모랑 같이 살고 싶어"라는 말을 한 적이 있다. 그 아이가 서울에 돌아와 내가 함께 놀아주는 날이 온다면, 줄 서서 번호표를 뽑더라도 함께 수영장에 가고 싶다. 엄마가 나에게 함께 수영장에 다니던 추억을 선물했듯 나도 조카에게 이모와 함께 수영한 추억 한 조각 선물하고 싶다.

3

힘든 수영은 있어도 못할 수영은 없다

오리발이라는

안정제

"한번 신어볼래요?"

오리발을 난생처음 신어본 날의 감각을 또렷이 기억한다. 저녁 9시 초급반의 2번 회원이 내게 오리발을 건네주며 말했다. 지상에서 누가 신발을 내밀며 신어보라고 했다면 거부했을 텐데, 수영장에서 오리발이라니 거부할 수 없는 제안 아닌가. 말로는 "그래도 돼요?"라면서 이미 손으로는 오리발을 낚아채 신고 출발! 이게 뭐지? 갑자기 왕초보에서 고수가 된 느낌이었다. 오리발을 신고 배영을 했더니 순식간에 25m 레인 끝에 도

달했다. 빨라진 속도를 가늠하지 못하고 전진하다가 하마터면 벽에 머리를 박을 뻔했다.

오리발은 신세계였다. '신이시여, 저에게 초능력을 주시려거든 물갈퀴를 주세요'라고 기도하고 싶을 만큼. 물갈퀴가 어렵다면 발이 크기만 해도 오리발 신은 효과가 날 텐데. 인간 돌고래라 불리는 수영 선수 마이클 펠프스는 발 길이가 320mm라던데. 왜 사람들이 오리발을 한번 신으면 벗기 싫어하는지 단번에 이해가 됐다. 오리발은 수영인의 안정제이자 부스터, 우황청심환이었다. 맨발로는 숨이 차서 자유형으로 25m를 끝까지 못 가고 중간에 멈추는 초보가 오리발만 있으면 50m 수영장도 완주할 것 같았다.

내게 오리발을 허락한 2번 회원은 매주 월·목요일이 오리발 데이라는 희소식도 알려 주었다. 그날부로 당근마켓에서 오리발을 열렬히 검색했다. 오리발은 신고 싶은데 수영장에 오래 다닐지는 확신이 서지 않아서 중고로 살 심산이었다. 오리발 데이는 점점 다가오는데 당근마켓에는 내 발 사이즈의 오리발이 올라오지 않았다. 오리발 데이가 돼서야 다급하게 동대문운동장 아레나 매장에 갔다. 이왕이면 흰색으로 사고 싶었지만,

매장에 내 발에 맞는 사이즈는 핫 핑크색 롱 핀뿐이었다. 찬 거 더운 거 가릴 때가 아니었다. 오리발을 사는 김에 검은색 오리발 가방까지 사서 매장을 나오는데, 차 한 대가 정지선에 멈춰 서더니 클랙슨을 울렸다. 빵빵. 차 안에는 저녁 9시 초급반 1번 회원이 앉아 있었다.

"자기야, 여기서 뭐 해?"

"오리발 사러 왔어요!"

"뭐, 오리?"

신호가 바뀌기 전에 대답하려고 마음이 급해진 나는, 퀴즈 미션을 수행하는 〈런닝맨〉 멤버의 심정으로 외쳤다.

"아레나 오리발!"

1번 회원은 내 말에 깔깔 웃으며 "오리발을 직접 가서 사는 사람도 있구나. 좀 이따 봐요"라고 말했고, 나는 멀어지는 1번을 향해 손을 흔들었다. 어서 오리발을 신고 만나고 싶은 마음을 담아. 그렇게 나의 언젠가는 슬기로울 오리발 생활이 시작됐다.

수영 1년 차였던 나는 오리발에는 롱 핀과 쇼트 핀이 있는데 그 차이가 무엇인지 전혀 몰랐다. 롱 핀은 90cm가 넘는 길이만큼 물을 밀어내는 면적이 넓어서 발차기 한 번에 더 많은 물을 밀어내 추진력이 크고, 쇼트 핀은 30cm 정도로 길이가 짧아서 물을 적게 밀어내지만 빠른 발차기가 가능해 스프린트 훈련에 적합하다는 것을. 롱 핀을 신고 돌핀 킥을 하면 몸의 중심에서 허리, 다리, 발끝으로 이어지는 리듬이 포물선 형태의 웨이브, 즉 파라볼릭 웨이브 parabolic wave를 만들어준다는 것 또한 알 턱이 없었다.

그저 신나는 마음으로 수영장 레인 앞에 앉아 롱 핀을 신었다. 고무 소재 롱 핀이라 그런지 무겁고 갑갑한 느낌이 앞섰다. 롱 핀을 신었지만 맨발일 때처럼 파닥파닥 빠르게 발차기를 했더니 물을 제대로 누르지 못하고 퐁퐁퐁 앞으로 나가기만 했다. 맨발일 때보다 오히려 물의 저항이 커진 듯했다. 이게 아닌가. 그날 몸에 맞는 적당한 힘으로 누르기까지는 시간이 좀 걸렸다.

오리발 데이를 몇 번 겪고 나서야 발등으로 물을 누르며 천천히 움직이는 느낌을 조금 알 것 같았다. 엉덩이부터 부드럽게 발차기를 해야 길고 유려하게 움직인다는 것도. 접영까지 배우고 나니 오리발이 더욱 유용하게 느껴졌다. 접영의 경우 오리발을 신을 때와 맨발일 때의 간극이 천국과 지옥만큼이나 컸다. 맨발로 수영하는 게 내 실력인데 오리발을 신고 수영하는 게 내 실력인 듯 착각에 빠지기도 했다. 오리발만 신으면 킥을 살살 차도 슝슝 나가는 속도에 반해 오리발 데이를 좋아하게 됐다.

오리발과 사랑에 빠진 지 3개월 후, 오리발을 들고 하와이 여행을 떠날 기회가 생겼다. 마우이섬에서 스노클링 투어를 하는데, 물속에서 거북이를 만나자 오리발의 부스터 효과가 제대로 나타났다. 오리발 덕에 누구보다 빨리 거북이를 따라 헤엄칠 수 있었다. 리조트로 돌아와 리조트 앞 카팔루아 베이에도 거북이가 많다는 소식을 들었다. 스노클링의 고수인 일행이 바다로 가자고 꼬드겼다. '구명조끼도 없이 내가 갈 수 있을까' 하는 마음 반, '오리발이 있으니 괜찮을 거야' 하는 마음 반. 갈까 말까 망설이다가 오리발만 믿고 카팔루아 베이로 가서 푸른 바다에 풍덩 뛰어들었다.

잔잔한 파도를 따라 헤엄치다 보니 깊은 바다가 모습을 드러냈다. 바닷속엔 거북이들이 유영하고 있었다. 거북이가 내 옆을 지나쳐 유유히 수면 위로 올라가 호흡했다. 난생처음 보는 신비로운 광경에 이끌려 거북이를 따라 헤엄쳤다. 그날 이후 오리발만 있으면 스노클링도 문제없다는 자신감이 생겨 오리발과 더 친해졌다. 오리발과 친해지니 바다에서 하는 스노클링이 즐거워졌다.

"왜 롱 핀을 써? 쇼트 핀을 써야 운동이 되는데."

새벽 수영 7시 중급반에 온 후 1번 회원에게 이런 말을 들었다. 주위를 둘러보니 대부분 쇼트 핀을 신고 있었다. 쇼트 핀이 더 좋냐고 묻자, 롱 핀으로 발차기 한 번 할 때 쇼트 핀으로는 두 번 해야 되니 운동이 더 된다는 답이 돌아왔다. 운동이 된다는 말에 솔깃했다. 운동하려고 수영을 하는데 운동이 더 된다면 쇼트 핀을 안 살 이유가 없지 않나. 나에게는 롱 핀이 있지만, 롱 핀은 롱 핀이고 쇼트 핀은 쇼트 핀이니까. 명분이 생겼으니 이번엔 흰색으로 사야지. 고민 끝에 흰색 DMC 엘리트맥스 쇼트 핀을 샀다. 쇼트 핀을 배송받자마자 꺼내 보니 단순한 디자인이 무척 마음에 들었다.

쇼트 핀을 신고 접영을 하니 허벅지에 힘이 들어가는 느낌이 달랐다. 접영이든 자유형이든 롱 핀을 신었을 때보다 쇼트 핀을 신고 발차기를 하면 물의 저항이 커서 허벅지가 단단해지는 느낌이 들었다. 몇 달이 지나자 롱 핀보다 쇼트 핀이 편해졌다. 쇼트 핀에 적응했을 즈음 발리로 여행을 떠나게 됐다. 롱 핀을 가져갈까 쇼트 핀을 가져갈까 고민하다가 쇼트 핀을 챙겨 갔다. 쇼트 핀을 신은 채 바다 스노클링에 나섰다. 운이 좋게도 발리에서 현존하는 가오리 중 가장 몸집이 큰 만타가오리 다섯 마리가 줄지어 헤엄치는 모습을 목격했다. 쇼트 핀으로 킥을 차며 만타가오리를 따라가는 기분이 짜릿했다.

한 가지 아쉬움이 있었다. 발리 여행을 함께 한 후배 엄지처럼 하강하지 못하는 것. 프리다이빙이 취미인 엄지는 내 롱 핀보다 두 배 정도 긴 롱 핀을 신고 만타가오리를 향해 아래로 내려갔고, 나는 수면 가까이에서 질주하며 만타가오리를 따라갔다. 그 순간 세상에서 엄지가 제일 부러웠다. 부러운 티를 팍팍 낼 때마다 엄지는 달콤한 말로 나를 꼬드겼다.

"선배, 이참에 프리다이빙 AIDA1 자격증을 따요. 바다에서 스노클링이 완전 달라져요. 수영도 하는데, 하루 만에 바로 딸 거예요."

내가? 이번 생에 오직 핀에 의존해 숨을 참으며 바닷속 깊이 들어가는 프리다이빙을 한다고? 막연한 두려움에 손사레를

치며 괜찮다고 했다.

"괜찮아. 정말 괜찮다니까."

부러움을 누르고 괜찮은 척하다가 문득 이런 생각이 들었다. 나는 못 믿어도 오리발은 믿을 수 있지 않을까. 망설임 끝에 프리다이빙 AIDA1 자격증을 따기로 결심했다. 버디가 있으면 좋을 것 같아, 스쿠버다이빙이 취미인 남편의 옆구리를 쿡 찔렀더니 흔쾌히 함께 배우겠다고 했다.

마음먹기가 어렵지 프리다이빙 AIDA1 자격증을 따는 과정은 단순했다. 남편과 함께 올림픽수영장 근처에서 프리다이빙 강사를 만나 3시간 동안 프리다이빙 호흡법, 이퀄라이징(수압이 증가할 때 압력을 외부 수압과 맞추는 과정) 등 이론 교육을 받고 나서 수영장으로 갔다. 난생처음 가본 다이빙 풀에는 프리다이빙을 배우러 온 사람이 꽤 많았다. 11월이라 그런지 슈트를 빌려 입었는데도 추워서 몸이 부르르 떨렸다. 내가 긴장한 걸 눈치 챘는지, 강사가 몸을 풀 겸 오리발을 신고 수영부터 해보라고 했다. 깊이 5m 풀장에서 수영하는 기분이 신선했다. 바닥에서 다이내믹(핀을 신고 수평으로 이동하는 것)을 하는 프리다이버를 구경하느라 추위를 잠시 잊었던 것도 같다.

몸을 풀고 난 후엔 5m 풀장 중 발 받침대가 있는 구역에 서서 '숨 참기 실습'을 했다. 이완을 해야 하는데 자꾸만 몸에 힘이 들어가 숨이 잘 참아지지 않았다. 아직 긴장이 덜 풀린 모양이었다. 숨 참기 다음은 하강 연습. 부이(bouy, 물 위에 띄우는 부표)에 연결된 줄을 잡은 채 코를 잡고 귀의 압력을 빼는 발살바 valsalva 호흡을 하며 바닥까지 5m 하강은 가까스로 성공했다. 마지막은 물에서 논다는 기분으로 덕 다이빙을 하는데, 자세는 엉성했지만 오리발을 쓰니 한 번에 꿀렁꿀렁 바닥까지 내려갔다. 물 위로 올라와 "선생님, 재밌어요" 그랬더니 "지경 님이 잘해서 그래요"라는 덕담이 돌아왔다.

그래서 프리다이빙 자격증은 땄냐고? 물론이다. 그동안 수영장에서 롱 핀, 쇼트 핀 가리지 않고 오리발 데이에 파닥거린 덕에 하루 만에 AIDA1 자격증을 땄다. 이제 남편과 나는 5m 다이빙 풀에 갈 수 있는 몸이 됐다.

프리다이빙 강습을 받으며 알게 된 사실인데, 수영계의 롱 핀이 프리다이빙계에서는 쇼트 핀이었다. 프리다이빙 핀이 1m가 넘을 정도로 길다 보니 수영계 롱 핀을 쇼트 핀이라 여기는 듯했다. 심지어 수영계의 쇼트 핀을 프리다이버들은 닭발이라 불렀다. 그러니까 나는 닭발을 신고 발리의 바다를 그토록 열심히 헤엄친 것이다. 아무려면 어떤가. 수영을 넘어 프리다이빙까지 도전하게 된 것은 오리발의 은공이다. 주 5일 수업 중 2일의 오리발 데이는 든든한 지원군이자 격렬한 응원 같은 존재다. 다음 주에도 나는 오리발과 함께 고관절을 접고 배에 힘을 주고 엉덩이를 띄우기 위해 기꺼이 노력할 것이다. 하루는 롱 핀으로, 하루는 쇼트 핀으로. 그러다 보면 프리다이빙 다음 레벨의 자격증인 AIDA2를 따게 될지도!

수모 없는

수영인의
회식

"요즘은 회식이 그리워요."
"그럴 땐 절 부르세요."
"아니, 둘 말고 왁자지껄 여럿이 하는 회식이요."
"아……."

언젠가 1인 출판사를 하는 S 편집자와 나눈 대화다. 집으로 돌아오는 길에 어학 사전에서 회식을 찾아보았다. 회식은 '여러 사람이 모여 함께 음식을 먹음, 또는 그런 모임'이란다. 그래, 회식은 여럿이 둘러앉아 먹어야 제맛이지. 나 역시 퇴사 후 회식을 그리워하지 않았던가. 회사 다니기 싫어 프리랜서가 됐지만 회식은 하고 싶었다. 그래서 출판사, 신문사, 잡지사와 일할 때 회식 자리가 생기면 늘 참석했다. 함께 출장을 다녀온 멤버들과 함께하는 뒤풀이 자리도 빠지지 않았다. 관심사가 비슷한 업계 선후배들과 업계 이야기를 하는 게 좋았다. 회식을 하기 위해 일을 오래 해야겠다고 생각할 정도로.

"상급반이 회식했대. 우리도 회식해요, 회식!"
내 귀에 '회식'이란 두 단어가 콕 박힌 것은 어느 가을 아침, 수영장 샤워실에서였다. 막 친해진 효영이 샤워실 앞 탈의실에서 이 사람 저 사람 붙들고 회식을 하자고 했다. 수영장에서도 회식을 하다니. 뜻밖의 발견이었다. 반가운 마음에 눈을 동그랗게 뜨고 효영을 바라보았다. 나와 눈이 딱 마주친 효영이 노래하듯 말했다.

"언니, 우리도 회식해, 회식!"
회식 타령으로 끝날 것 같던 중급반 회식 실행은 연말을 맞아 급물살을 탔다. 의지의 효영이 지나가는 말로 연말에 뭐 하냐고 물은 중급반 강사를 회식에 섭외한 것. 그런 다음 아침 7시 중급반 사람들을 붙잡고 일일이 회식을 한다고 전했다. 효영이 애쓰는 모습에 감명받은 또 다른 회원도 회식 소식을 전파하기 시작했다. 나도 그 노력에 보탬이 되고자 수영 수업에서 늘 내 뒤에 서는 회원에게 다가가 쓱 말을 걸었다.

"금요일에 시간 돼요? 중급반 회식한대요."

효영의 준비는 꽤나 주도면밀했다. 수영 강사가 참석할 수 있게 금요일 저녁으로 정하고 회식 날짜와 장소를 고지하기 위해 난생처음 카카오톡 오픈 채팅방을 만들었다. 오픈 채팅방을 통해 참석 인원수를 파악해 장소도 예약했다. 꽤 많은 사람이 참석할 것 같았다. 그런데 누가 누군지 알아볼 수 있을까? 막상 회식 날이 되자 이런 걱정이 앞섰다. 내가 누구인지 알아보라고 술집에 수모를 쓰고 갈 수도 없고.

만나보니 생각보다 더 어색했다. 맨 얼굴에 수영복을 입고 만나던 사람들이 사복을 입은 모습이 낯설었다. 한편으로는 역시 사람은 수모를 벗어야 인물이 사는구나 싶었다. 민망하지만 돌아가며 자기소개를 했고, 서로 추임새를 넣어가며 호응해 주었다. 이런 식으로.

"저는 중급반 1번 레인 땡땡이 수모 쓴 사람이고요."

"아, 땡땡이!"

"하하. 네, 이름은 우지경이에요. 78년생이고요."

"우와, 나이 진짜 많…… 아니, 동안이시네요."

우리는 서로 어떤 수영복을 입고 어떤 수모를 쓰는지는 알아도 이름도 성도 모르는 사이에서 이름과 나이는 물론 MBTI가 F인지 T인지 아는 사이가 되어 술잔을 부딪치기 시작했다. 수영장에서 숨이 차 같이 헉헉거릴 때도 동지애를 느꼈지만, 둘러앉아 서로의 수력과 심박수, 수영복 등 온갖 수영 관련 이야기를 하고 있으니 동지애가 최대 심박수만큼 상승하는 기분이랄까.

회원들끼리 가까워지기도 했지만 강사와도 가까워진 기분에 다들 웃으며 수업 시간에 바라는 바를 이야기하기 시작했다.

"선생님, 우리도 영상 촬영해 주세요."

츤데레 강사답게 영상은 무슨 영상이냐는 말이 돌아올 거라 예상했는데 뜻밖의 대답이 돌아왔다.

"아, 드론으로 찍어주려고 했는데 못 빌렸어요."

그러자 이런저런 반응이 터져 나왔다.

"우와! 드론으로요?"

"에이, 그냥 핸드폰으로 찍어주세요."

"혹시 드론 말고 물속에서 고프로로 찍어주시면 안 돼요?"

"고프로는 안 돼요. 각자 핸드폰 가지고 오면 촬영해 줄게요."

중급반 첫 영상 촬영은 이렇게 정해졌다. 그리고 회식은 기분 좋게 2차까지 이어졌다. 이게 다 회식이라는 멍석을 깔아준 효영이 덕이었다. 술도 못 마시면서 회식 자리까지 만든 효영은 술을 마시지 않아도 높은 텐션을 유지하며 회식 자리를 끝까지 지켰다.

그날 밤 집이 같은 방향인 수친 넷이 나란히 걸었다. 동네에서 함께 언덕길을 걷는 기분이 밤공기만큼이나 상쾌했다. 비탈을 오르느라 숨차하는 모습이 수영장에서의 모습과 비슷해 피식 웃음이 났다. 수영은 늘 오르막을 오르는 것처럼 숨차고 힘들다. 그게 수영의 기본 속성이다. 그런데 힘든 시간도 함께 하는 사람이 있으면 덜 힘들게 느껴진다. 그게 수영이든, 굴러 떨어지면 죽을 것 같은 살벌한 오르막이든. 그때 누군가 토요일 자유 수영 이야기를 꺼냈다.

"내일, 자유 수영 올 거죠?"

"응. 나는 가려고."

"응? 이렇게 술을 마셨는데 갈 수 있을까?"

"가야지! 해장 수영 하러 가요!"

다음 날 아침 기적처럼 눈이 떠졌다. 갈 수 있을까 하고 말했던 게 난데. 눈뜬 김에 수영장에 갔다. 평소보다 천천히 자유형을 하며 생각했다. 해장은 수영장 물로 해야 제맛인가 봐. 우리 수영장이 다른 수영장보다 물맛은 좋아.

덧. 술 마신 다음 날 수영을 하면 해장이 되는지는 과학적으로 증명된 바 없다. 해장 수영은 수영에 미친 수영인들이 적당히 술을 마신 다음 날 하는, 웃자고 하는 얘기다. 하지만 이것만은 분명하다. 술 마신 다음 날 수영장에 가면 남들이 다 안다. 음파 음파 호흡하는 사이 술 냄새가 수영장으로 번져나가서.

얼마나
못하는지

봐야 늘지

"여보, 올해 운세가 좋아. 새로운 일을 하게 되고, 하던 일도 잘된대."

"아, 그래? 수영이 더 잘되겠네. 본업이 수영이잖아."

연초에 남편과 나눈 대화다. 참, 내 본업은 여행 작가다. 있어 보이게 말하면, 여행을 글로 쓰는 사람. 실체를 폭로하자면, 언제 일이 끊길지 모르는 프리랜서. 그래서 나는 섭외, 청탁, 고정, 계약 같은 단어를 좋아한다. 오해하지 마시길. 여기서 청탁은 금품 청탁이 아니라 원고 청탁이니까.

운세가 적중했는지 며칠 뒤 KBS1 라디오 〈뉴스월드〉의 여행 코너에 고정 게스트로 섭외가 들어왔다. 초급반에서 중급반으로 승급했을 때만큼이나 기뻤다. 환호는 짧고 대본은 길었다. 약 12분 분량의 라디오 대본을 쓰느라 며칠을 낑낑댔다. 신문이나 잡지에 기고하는 원고만 쓰다 보니 대화하듯 쓰는 대본이 영 어색했다. 라디오 작가에게 대본을 보내고 난 후에도 걱정이 됐다. 걱정할 시간에 연습을 했으면 좋았을 텐데, 연습은 안 하고 걱정만 했다. 라디오 출연 당일에는 롤러코스터를 타고 최고점에 도달한 사람처럼 긴장된 상태로 대기했다. 온에어가 켜진 스튜디오에 들어가서는 '정신을 차려야지' 하고 생각하다 보니 프로그램이 끝나 있었다.

그날 밤 내가 출연한 라디오 생방 영상을 다시 보기까지 꽤나 용기가 필요했다. 사람 마음이 얼마나 간사한지, 내가 어떻게 했는지 궁금한 만큼 보고 싶지 않은 마음도 컸다. 다음 주에도, 그 다음 주에도 같은 프로그램에 출연해 잘해 내려면 내가 뭘 못하고 뭘 잘하는지 봐야 하는데 보는 것 자체가 두려웠다. 눈 질끈 감고, 아니 눈 부릅뜨고 보고 나니 목소리 톤과 말하는 속도, 마이크와의 거리 등 개선해야 할 점이 한둘이 아니었다.

그래도 영상을 본 덕에 다음 주부터 마이크와의 거리, 말하는 속도는 어느 정도 조절할 수 있었다.

수영도 마찬가지다. 내가 어떻게 하는지 봐야 자세를 교정할 수 있다. 문제는 수영장에서 내가 어떻게 수영하는지 볼 수 없다는 것. 더 큰 문제는 강습용 수영장에서 영상 촬영이 어렵다는 점이다. 수영인들 사이에서 영상 촬영이 가능한 수영장이 회자되는 이유다. 운이 좋게도 중급반 강사는 연말 회식에서 한 약속대로 영상 촬영 주간을 선포했다.

"다음 주에는 매일 한 가지 영법씩 촬영할 거예요. 핸드폰 가지고 오세요!"

접배평자(접영, 배영, 평영, 자유형)순으로 모든 영법을 촬영해 주겠다고 하니 얼마나 고마운 일인가. 그런데 내 입에서는 마음에도 없는 말이 툭 튀어나왔다.

"선생님, 영상 다 찍어야 돼요?"

"얼마나 못하는지 봐야 늘지!"

순간 할 말을 잃었다. 그동안 열심히 수영했으니 얼마나 늘었는지 보는 게 아니라 얼마나 못하는지 보라는 것이 촬영 의도였구나.

매일 반도 있지만 월·수·금 반, 화·목·토 반이 있기에 모든 회원이 4개 영법을 촬영할 수 있도록 월~화요일엔 자유형과 배영, 수~목요일엔 평영과 접영을 촬영했다. 중급반 1번 레인(수영장 기준 5번 레인)에서는 한 명씩 수영하며 영상 촬영을 하고 그 옆 중급반 2번 레인(수영장 기준 4번 레인)에서는 촬영하지 않는 사람들이 자유 수영을 하는 식이었다.

촬영한 후엔 피드백 시간을 가졌다. 매일같이 영상으로 촬영한 내 모습을 볼 때마다 충격의 연속이었다. 설마 이렇게까지 못하는지 몰랐으니까. 이게 나라고? 진짜? 아이폰 성능이 문제인가? 이게 정말 나야? 자유형의 경우 그럭저럭 롤링(몸통을 좌우로 회전)하며 잘 나아간다고 생각했는데, 영상 속 나는 몸이 과도하게 돌아가 상체가 흔들리는 데다 고개까지 과하게 들어 비틀비틀 앞으로 나아갔다. 상체와 하체에 자아가 따로 있는 걸까. 배영도 롤링이 몹시 과하긴 마찬가지. 차마 눈뜨고 보기 민망했다. 빛나는 별인 줄 알았는데 벌레라는 걸 깨달은 반딧불의 심정을 알 것 같았다.

오히려 기대도 없이 촬영한 평영은 자유형, 배영보다 나았다. 자유형, 배영이 '과하다'는 피드백을 들었다면, 평영은 '발차기할 때 고관절을 쓴다'는 피드백을 들었다. 모든 영법 중 제일 어려운 접영 촬영 순서가 되자 나의 기대는 바닥을 쳤다. 접영은 또 얼마나 못할까. 영상 속 내 모습은 기대 이하였다. 연말 기분을 내보겠다고 트리색 수영복에 산타 수모까지 쓰고 왔는데, 꼭 물속에서 춤추는 산타 트리 같았다. 그래도 그렇지. 접영을 이렇게 못한다고? 강사는 내가 접영을 할 때 고관절을 안 접는 게 문제라고 했다. 집에 돌아와 영상을 보고 또 보았다. 볼수록 문제가 잘 보였다. 가슴을 제대로 누르지 않는 것, 리커버리(팔이 물 밖으로 나와서 원위치로 돌아오는 것)할 때 고개가 먼저 들어가지 않는 것 등등.

"선생님, 접영 영상 한 번만 더 찍어주시면 안 될까요?"

영상 촬영 마지막 날 용기 내어 부탁했더니 선뜻 받아주었다.

"그래요. 잘 보이게 슬로로 찍어줄게요."

과연 나아졌을까? 다시 찍은 영상을 재생한 순간, 강사 입에서 "오!" 하는 감탄사가 나왔다.

"지난번보다 훨씬 나아졌어요!"

애초에 수영 영상을 촬영하려고 했을 때 강사의 의도가 '얼마나 못하는지 봐야 늘지'라는 데 공감이 갔다. 고관절을 접으며 킥을 하고 팔 리커버리를 한 후엔 고개부터 먼저 물속으로 넣어보자. 그런 다음 가슴을 최대한 누르며 다음 동작으로 연결해 보자. 이런 생각을 하며 접영을 했더니 불과 며칠 만에 발전했다는 피드백을 받았다. 접영은 에너지 소모가 많아 힘들지만 쉬운 영법이라고 했던 강사의 말이 그제야 이해가 됐다.

글쓰기도 수영과 마찬가지다. 내가 얼마나 못 쓰는지 알아야 고칠 수 있다. 그런 의미에서 이번 주 라디오 대본은 지난주 방송을 다시 듣고 난 다음에 써야겠다. 퇴고도 더 꼼꼼히 해서 보내야지. 글도 수영처럼 고치면 고칠수록 좋아질 테니!

설 연휴에 문 여는 수영장

어디 없나요?

"이번 설에는 한복을 가지고 오너라."

결혼 초 시어머니의 문자를 받고 하마터면 "네, 마님"이라고 대답할 뻔했다. 혹시 별에서 온 그대인가? 가족 몰래 몇백 년을 살아온 터라 조선 시대에 쓰던 말투가 아직 남아 있는 것인가? 한복이야 얼마든지 입을 수 있지만, 조선 시대에나 할 법한 잔소리는 듣기 거북했다. 떡국을 먹은 후 남편이 상을 들라치면 "남자는 상 드는 것 아니다. 너랑 내가 들자"라고 한다거나, 남편이 설거지를 도우려고 하면 "무슨 남자가 부엌에 들어

오니? 설거지는 너랑 내가 하면 되지"라는 말씀.

너(며느리)랑 나(시모)랑 한 편이 되어 조선 시대 여자들처럼 설거지를 하다가 이런 말도 들었다.

"요즘 여자들은 남편한테 음식물 쓰레기 버리라고 한다며? 너도 그러니? 여자가 무슨 대단한 일 한다고 음식물 쓰레기를 안 버려?"

"아니요"라고 대답했지만 '저는 대단한 일 하느라 집에서 음식을 안 해서 음식물 쓰레기가 없어요'라는 말은 생략했다.

해를 거듭할수록 명절에 시가에 가는 게 벌칙처럼 느껴졌다. 나는 전생에 무슨 죄를 지었기에 생일마저 설날과 가까운 것일까. 올해는 하필 설날 다음 날이 내 생일이다. 생일 주간에 시가에 가는 것은 벌칙 중에 중벌인 것 같아 미리 다녀왔다. 이럴 때 엄마가 차려주는 따뜻한 생일 밥이라도 먹을 수 있다면 좋으련만 엄마가 세상을 떠난 지 벌써 5년이 지났다.

엄마 없는 명절이 싫다. 산소에 가도 엄마의 빈자리만 느껴질 뿐이다. 수영이 좋아지고 나서 명절이 싫은 이유가 하나 더 생겼다. 명절에는 수영장도 문을 닫는다. 슬퍼할 시간에 수영을 해야 몸은 허우적대도 마음이 허우적거리지 않을 텐데. 명절에는 수영장 직원도, 강사도, 라이프가드도 가족과 시간을 보내야 하니 수영장 문을 닫는 게 당연한 일이다. 대신 명절 전후 수영 강습의 강도가 세진다. 수영 강사들은 명절 전에는 체력을 끌어올리고, 후엔 무거워진 몸을 가볍게 만들어줄 기세로 몰아치는 수업을 하곤 한다.

"기운 다 빠져서 설에 어떻게 전 부치라고 이렇게 빡세게 시켜?"

이번 설 연휴 전 수영장 탈의실에서 한 상급반 회원의 푸념을 듣고 따라 웃었다. 이번 주 중급반 오리발 데이에는 레인별로 팀을 나눠 자유형으로 꼬리 잡기를 한 덕에 하루에 1300m씩 수영을 하기도 했다. 상급반은 인터벌 수영으로 2300m를 했다고 한다.

설 연휴에 문 여는 수영장 없나? 나 역시 연휴 전 4일 연속 힘들다는 말을 입에 달고 살았는데, 막상 연휴 전날이 되니 이런 생각이 들었다. 오직 나 때문에 꼬리를 잡히지 않겠다는 마음으로 수영을 했더니 체력이 느는 것도 같았다. 그러던 중 수영복 브랜드 배럴 인스타그램에서 설 연휴 정상 운영 수영장 안내 포스팅을 발견했다. 그중 한 곳이 얼마 전에 만난 후배가 가 보라고 추천한 삼성 레포츠 센터였다. 교대역과 강남역 사이에 있는 삼성 레포츠 센터는 삼성에서 운영하는 호텔급 수영장으로 일일 자유 수영 입장료 1만 9000원(지금은 2만 4000원으로 올랐다)을 내면 하루 종일 이용할 수 있다. 샤워실에는 작지만 온탕과 사우나가 있고 샤워 타월, 수건, 샴푸, 보디 워시도 비치되어 있다. 단, 주차비는 2시간만 무료다. 그렇다면 설 연휴를 자유 수영으로 시작해 볼까?

남편 옆구리를 쿡쿡 찔러 기어이 수영장에 다녀왔다. 25m 자유 수영 레인만 8개(초·중·상급이 아닌, 빠른 레인과 느린 레인으로 나뉘어 있다)라 느린 레인에서 이번 주에 배운 자유형 투 비트 킥(2-beat kick, 자유형 스트로크 1회에 다리 킥을 두 번만 차는 방식)을 연습했다. 오른손으로 물을 잡을 때 왼발로 킥을 차고, 왼손으로 물을 잡을 때 오른발로 킥을 차는 게 투 비트 킥이다. 머리로는 알겠는데 몸은 자꾸만 딴청을 피웠다. 물속에서 자유형 투 비트 킥을 하려고 애쓰는 동안은 서글픈 마음을 잊을 수 있었다. 25m 풀과 유아 풀 사이에는 매 시각 50분마다 10분 쉬는 시간에 들어가기 좋은 온탕이 있어 쉬기도 편했다. 설 연휴에 문 여는 수영장 덕에 슬픔은 락스 물에 흘려보내고 개운해진 기분으로 집에 돌아왔다.

내일은 설날이다. 떡만두국을 끓여 먹고 엄마 산소에 다녀올 것이다. 엄마 나무를 보면 여전히 눈물은 나겠지만, 나무 아래 앉아 엄마와의 추억을 되새기고 싶다.

엄마 기억나? 초등학교 1학년 여름방학 때 엄마가 수영 캠프 보내준 거. 엄마가 집 근처에서 버스 태워주면 내가 혼자 성지곡수원지 수영장에 갔다며. 수영하고 집에 돌아올 때 버스에서 내리면 엄마가 안아주었던 기억이 어렴풋이 나. 엄마 냄새가 참 좋았어. 그해 여름 야외 수영장에서 배운 것은 물에 뜨기가 다였지만 그때 엄마가 수영장 보내준 덕에 지금도 물에 뗏목처럼 둥둥 잘 떠. 물도 무서워하지 않고 부력이 좋은 어른이 돼버렸지 뭐야. 요즘 수영을 즐기며 사는 게 다 엄마 덕이야. 고마워, 사랑해!

나만 몰라,

내 심박수!

다음 중 수영 강습을 받을 때 꼭 필요한 용품이 아닌 것은?
1. 수경 2. 수모 3. 스마트워치 4. 안티포그액(김 서림 방지제)

언제나 답이 3번이라고 생각했다. 1, 2, 4번은 필요의 영역이지만 3번은 욕구의 영역으로 여겼기에. 이는 한때 애청하던 TV 예능 프로 〈신박한 정리〉를 보며 익힌 분류법으로, 새 물건을 들일지 말지 판단할 때 적용해도 유용하다. 특히 비싸고 좋은 물건을 살까 말까 고민될 때는 늘 스스로에게 물어본다. 예를 들면 이렇다. 스마트워치는 필요야? 욕구의 영역 아니고?

결론은 늘 같았다. 욕구의 영역. 지금까지 스마트워치 없이도 수영만 잘했는데 뭘.

"우리 몇 미터나 했어요?"

가끔 운동량이 많은 날엔 스마트워치를 찬 회원에게 슬쩍 다가가 물어보긴 했다. 수영을 얼마나 많이 했기에 이렇게 힘든지 궁금해서. 내 앞에 선 회원이 1300m 했다고 하면 나도 그만큼 했겠지 하며 흐뭇해했다. 그럴 때마다 다행인지 불행인지 스마트워치를 사야겠다는 생각이 들지는 않았다. 매월 마지막 날, 한 달을 회고하며 구글 캘린더를 열어 수영을 몇 번 했나 세어보는 내게 계화가 스마트워치 차면 알아서 기록해 준다고 했을 때도 사야겠다는 마음은 들지 않았다. 한 달에 100번 넘게 수영하는 것도 아닌데, 직접 세면 된다고 생각했다.

"언니, 스마트워치 쓰면 삶의 질이 달라져."

효영은 맨 팔로 수영하는 나를 안타까워하며, 스마트워치가 거리만 기록하는 게 아니라 심박수와 칼로리도 측정해 준다고 했다. 내가 몇 바퀴 돌았는지 궁금해할 때 수친들은 최대 심박수를 궁금해했다. 중급반 1번 레인에 있는 나와 달리 중급반 2번 레인과 상급반 1번 레인에 있는 친구들의 관심사는 얼마나 고강도로 수영을 했느냐였다. 최대 심박수라니. 이따금 이 정도 수영을 하면 칼로리를 얼마나 썼을까 궁금하긴 했지만 심박수는 단 한 번도 궁금한 적이 없었다. 그러니 친구들에 비해 속도도 느리고 심박수에 관심도 없는 내가 스마트워치를 사는 건 수영을 잘하지도 못하는 주제에 호들갑을 떠는 것처럼 여겨졌다. 게다가 수영을 좋아하는 이유 중 하나가 핸드폰을 로커에 두고 물속에 들어가 속세와 깨끗이 단절되는 것인데, 스마트워치는 단절을 방해하는 요소처럼 느껴졌다. 물속에서까지 디지털 피로감을 느끼고 싶지 않으니까. 그래서 누가 수영 강습을 받으려면 뭐가 필요한지 물었을 때, 수경과 수모, 안티포그액을 사야 한다고 했지만 스마트워치는 입에 올리지도 않았다.

어느 날 문득 내 심박수가 궁금해졌다. 사건의 발단은 자유형 뺑뺑이(자유형 장거리) 주간이었다. 삼일절 연휴가 있던 주에 수영 강사가 월~목요일 4일을 자유형 뺑뺑이 주간으로 공포했다. 50분간 천천히 쉬지 않고 투 비트 킥을 하며 자유형을 하라는 엄명은 내게 공포 그 자체였다. 수영 강습 중 "자유형 12바퀴!"라는 말만 들어도 무리라고 생각했는데 자유형 뺑뺑이라니. 평소에도 남들은 쉬지 않고 자유형 12바퀴를 돌 때, 나는 세 바퀴만 돌면 숨이 턱까지 차서 헉헉거리며 수영장 끝에 다슬기처럼 붙어 쉬곤 했다. 눈물 대신 콧물이 흘러 더 서글펐다.

천천히 자유형 뺑뺑이를 해야 지방을 태울 수 있다는 말이 솔깃해 시작은 했지만 몸이 따라주지 않았다. 쉬지 않고 계속하려면 투 비트 킥으로 천천히 팔다리의 박자를 맞춰 자유형을 해야 하는데 자꾸만 킥이 빨라졌다. 시작은 투 비트 킥이었으나 어느새 내 다리는 잔망스러운 물거품을 내며 파닥거렸다. 사이드 턴(side turn, 벽에 닿기 전 몸을 옆으로 돌려 방향을 바꾸는 것)이 미숙한 탓도 컸다. 벽을 차며 사이드 턴을 할 때 호흡 조절을 잘못하면 코로 물이 들어왔다. 매웠다. 사이드 턴을 한 후에도 발차기가 급해지니 몸에 힘이 들어가고, 몸에 힘이 들어가니 자유형 몇 바퀴만 돌아도 힘들었다. 악순환이었다.

이런 나에게 자유형 뺑뺑이라는 시련이 닥치다니. 월요일엔 나도 모르게 자꾸 킥이 빨라져서 섰다가 다시 출발했다. 재출발해서도 쉬지 않고 50분간 자유형을 하는 게 불가능해 보였다. 45분간 겨우 하고 집으로 가는 길엔, 이번 주는 수영을 빠질까 하는 생각도 들었다. 하지만 2월에 이런저런 핑계로 수영을 빠진 날이 너무 많았다. 화요일 아침, 새로 산 아레나 수경을 쓰겠다는 일념으로 다시 자유형 뺑뺑이에 도전했다. 이틀째라 그런지 전날보다는 속도와 호흡이 안정적이었다. 어떻게든 끝까지 하다 보니 내가 수영을 몇 미터나 했는지 궁금했다. 같은 레인의 다른 회원처럼 20바퀴를 돌았다면 나도 자유형 장거리 2000m를 했다는 말인데, 그 정도 한 것 같지는 않았다. 나는 대체 얼마나 한 걸까. 그날따라 그것이 너무 알고 싶었다. 집에 돌아와 남편에게 괜한 투정을 부렸다.

"자유형을 45분이나 했는데 나만 몇 미터 했는지 몰라."

"한 바퀴 돌 때마다 세면 되잖아."

틀린 말은 아니었다. 나도 뇌가 있는데 세면 되지. 다음 날 천천히 하며 숫자를 셌다. 한 바퀴, 두 바퀴, 세 바퀴…… 천천히 하며 세는데도 열 바퀴가 넘어가니 헷갈렸다. 에잇, 숫자 세다가 박자 엉키겠다. 몇 바퀴가 뭐가 중요해, 쉬지 않고 하느냐가 중요하지. 일단 돌고 보자 모드로 돌고 돌고 또 돌았다. 중간에 몇 번 쉬긴 했지만 끝까지 돌았다. 자유형을 몇 미터 했는지는 몰라도 꽤 흡족한 마음으로 샤워실에 들어섰다. 여느 때처럼 샤워기는 만석이었고, 줄 서서 기다리는 동안 상급반 회원들에게 자유형 뺑뺑이를 돌아 힘들다고 엄살을 떨었다. 그랬더니 몇 미터나 했냐는 질문이 돌아왔다. 상급반 회원 한 명이 내 손목을 보더니 웃으며 말했다.

"아, 워치가 없구나."

그날따라 내 손목이 유난히 허전해 보였던 건 기분 탓일까.

"오늘도 자유형 장거리예요. 힘들면 평영해도 되는데, 심박수 떨어뜨리지 말고 하세요."

수요일, 강사의 말에 당황했다. 아, 심박수를 알아야 유지할 텐데, 어떡하지. 갑자기 내 심박수가 궁금해졌다. 몇 바퀴인지도 몰라, 심박수도 몰라, 답답한 마음만 가득 안고 자유형으로 수영장을 돌고 돌고 또 돌았다. 그래도 오리발 없이 맨발 투혼으로 돌다 보니 평소 잘되지 않던 사이드 턴이 제법 되는 것 같았다(월~화요일은 오리발을 신고 자유형 뺑뺑이를 했다).

목요일에는 쿠바에서 플로리다까지 100마일 넘게 바다를 헤엄치는 나이애드(영화 〈나이애드의 다섯 번째 파도〉의 주인공)의 심정으로 비장하게 출발했지만 수경을 잘못 쓰고 출발하는 바람에 바로 멈춰 서고 말았다. 그 후로 딱 두 번만 쉬고 자유형으로 수영장을 돌고 돌고 또 돌았다. 자유형 여신(효영이 별명)에게 "턴이 좋아졌어"라는 말도 들었다. 비로소 턴을 할 줄 아는 수영인이 된 것인가. 그런데 이 정도면 적정한 심박수를 유지하고 있는 걸까. 아주 빠르게 할 땐 숨이 차니까 심박수가 몇인지는 몰라도 빨라진다는 걸 알겠는데, 느리게 수영할 때 적정한 심박수를 유지한다는 게 어떤 느낌인지 도통 감이 오지 않았다. 심박수가 이렇게 궁금해질 줄이야. 집으로 돌아온 나는 애먼 남편에게 심박수 타령을 했다.

"여보, 몇 바퀴인지는 센다고 쳐도, 심박수는 셀프 측정할 수가 없잖아. 아무래도 스마트워치가 있어야겠어."

"심박수가 왜 궁금한데?"

"심박수를 유지하면서 자유형 장거리를 하라는데, 심박수를 알아야 유지하지."

"참 나, 심박수가 뭐라고."

심박수란 무엇인가. 1분 동안 심장이 뛰는 횟수다. 그걸 내가 무슨 수로 수영하며 측정한단 말인가. 그놈의 심박수가 궁금해서 결국 애플워치를 사기로 결단을 내렸다. 중학생 딸도 아니면서 남편에게 스마트워치를 선물받고, 나는 남편에게 프리다이빙용 오리발을 사주기로 했다. 가격으로 따지면 내가 손해지만 어차피 네 돈이 내 돈인 부부 사이에 서로 선물을 주고

받으면 기분도 좋으니 그러기로 했다.

    남편이 일요일 오후에 쿠팡에서 주문한 애플워치는 월요일 새벽이 되기도 전에 도착했다. 월요일 새벽, 애플워치를 차고 수영을 하러 부랴부랴 집을 나섰다. 나름 새벽부터 세팅을 하고 수영장에 갔는데 막상 쓰려니 어떻게 쓰는지를 알 수가 없었다. 스마트워치가 아무리 스마트해도 내가 수영 모드에서 시작 버튼을 누르지 않으면 운동 상황이 기록되지 않는다는 것도 그날 처음 알았다. 샤워하는 수친을 붙들고 사용 방법을 물어본 다음 수영장으로 들어가는데 머리가 허전했다. 왜 평소랑 느낌이 다르지? 손으로 수모를 만져보니 수경이 있어야 할 자리에 아무것도 없었다. 애플워치에 정신이 팔려 수경도 쓰지 않고 들어간 것이다. 다시 탈의실로 돌아가 수경을 쓰며 생각했다. 이 정도 흥분 상태면 벌써부터 심박수가 높겠는데.
    그날 아이폰으로 확인해 본 운동 기록은 신세계였다. 애플워치는 똘똘하게도 총 몇 분간 몇 미터를 수영했으며, 영법별로 몇 미터를 해서 몇 칼로리를 소모했는지 일목요연하게 보여줬다. 내 평균 심박수는 140bpm이었다. 비로소 문명의 세계에 눈을 뜬 나는 그날 저녁 훌라댄스 레슨에도 애플워치를 차고 갔다. 댄스 모드로 작동시키고 강습을 받아보니 50분간 훌라댄스를 추는 동안 평균 심박수는 93bpm, 활동 칼로리는 126kcal였다. 다음 날 요가원에서 애플워치를 요가 모드로 작동시키고 수련해 보니 1시간 6분 동안 평균 심박수는 93bpm, 활동 칼로리는 193kcal였다. 지난 몇 주간 써보니 스마트워치는 필요나 욕망의 영역이 아니라 동기부여의 영역이었다. 수영할 때뿐 아니라 요가, 훌라댄스, 걷기를 할 때 스마트워치가 어떻게 측정하는지 궁금해서 운동을 더 열심히 하게 됐다.

지금 치앙마이를 여행 중인데, 여기 와서도 호텔 수영장에서 대충 수영하지 않고 열심히 했다. 애플워치의 야외 수영 모드 덕이다. 수영장 길이를 25m로 설정(변경 가능)하고 기록을 재는 대신 수영한 위치와 온도, 습도를 기록해 주는 것도 신기했다. 무엇보다 애플워치를 사용하고 나서야 수영이 심박수가 올라가는 고강도 운동이라는 걸 새삼 깨달았다. 남편도 물어보지 않는 나의 심박수를 궁금해하는 수친들이 지구상에 존재하는 것만으로도 힘이 난다. 지금 여기 치앙마이도 너무 좋지만, 어서 수영장으로 돌아가 친구들에게 물어보고 싶다. 오늘 최대 심박수 몇이야?

나랑

물 먹으러 갈래?

　아, 수영하고 싶다. 생각지도 못한 일이었다. 주중에 날마다 수영을 하는데 일요일이 되면 수영이 하고 싶어 몸이 근질근질했다(혹시 안 씻어서 그러나 하고 샤워를 해봐도 수영하고 싶은 마음이 사그라들지 않았다). 수영을 배우면 배울수록 주말 자유 수영을 하러 가고 싶은 마음이 바다의 스프링, 날치처럼 통통 튀어 올랐다.

　'자유 수영'은 이름부터 자유롭지 않은가. 강습 시간엔 수업을 따라가기도 벅찬데, 자유 수영을 가면 말 그대로 내가 하고 싶은 영법을 자유롭게 연습할 수 있으니. 무심결에 인터넷에 일요일에 문 여는 수영장을 검색해 보았다. 의외로 일요일에 문 여는 곳에서 자유 수영을 하고 올린 후기가 많았다. 충무스포츠센터 수영장(1·3주 일요일), 중곡문화체육센터 수영장(2·4주 일요일), 회현체육센터 수영장(1·3주 일요일) 등 일요일에 문을 여는 수영장이 예상보다 많았다.

막상 자유 수영을 가려니 혼자 가기가 망설여졌다. 낯선 수영장에 가려면 각오까지는 아니어도 기개가 필요하다. 입구에서부터 모든 것이 익숙한 수영장이 아닌, 낯선 수영장에서 쭈뼛거리지 않고 즐겁게 수영할 용기. 그때만 해도 나는 안 가본 수영장에 가는 것을 대단한 일로 여기던 우물 안 수영인이었다. 그래서 수친들 옆구리를 쿡 찔렀다.

"얘들아, 충무아트센터 수영장으로 자수(자유 수영) 갈래?"

"좋아. 나는 다른 수영장 안 가봤어."

다른 수영장에 가본 적이 없다는 계화가 반색하자 중급반 회식을 이끈 효영이 회식부장답게 외치며 자유 수영 모임에 흥 폭탄을 투하했다.

"자수하고 파티하자, 파티!"

일요일 오후 충무스포츠센터 수영장에서 자유 수영을 한 후 신당동 중앙시장 맛집 계류관에서 뒤풀이를 하기로 했다. 아무리 생각해도 완벽한 계획이었다.

"오늘 충무스포츠센터 휴무래. 어쩌지?"

아뿔싸. 자유 수영을 가기로 한 날, 휴무라는 것을 알게 됐다. 일요일에 문을 여는 수영장이라고 해도 일요일 중 2·4주나 1·3주는 휴무일인데 충무아트센터 수영장은 2·4주에 문을 닫는다는 걸 확인하지 않은 것이었다. 미안해서 우물쭈물하는 나를 안심시켜 준 건 효영의 단호한 한마디였다.

"내가 아는 데가 있어. 거기로 가자."

순간 효영이 단골 위스키 바가 있는 사람보다 멋있어 보였다. 계화와 나는 효영의 자동차에 수영 가방을 싣고 따라 나섰다. 효영은 단골 수영장까지는 아니고 한 번 가본 마포아트센터 수영장인데 시설이 꽤 좋아서 인기가 많으니 서둘러야 한다고 했다. 수영장 로비에 도착하니 자유 수영을 하러 온 사람이 꽤 많았다. 줄을 서서 티켓을 산 뒤 안으로 들어서자 유리창 너머로 채광 좋은 수영장이 펼쳐졌다. 어서 수영을 하고 싶어 설레는 마음으로 샤워를 했다. 또 다른 고민이 나를 기다리고 있는 줄은 모른 채.

어느 레인에서 수영해야 하나. 수영장 레인 앞에는 기초, 초급, 중급, 상급, 연수 푯말이 있었다. 계화는 상급반 1번 레인, 효영은 중급반 2번 레인, 나는 중급반 1번 레인. 같이 원정 자유 수영을 왔지만 우리의 속도는 제각각이었다. 셋이 같이 하는 방법은 둘 중 하나였다. 계화가 중급 레인으로 오거나, 효영과 내가 상급 레인으로 가는 것. 이런 생각을 하는 사이 계화가 먼저 상급반으로 입수했다. 효영과 나도 덩달아 상급 레인으로 첨벙 뛰어들었다.

계화가 먼저 자유형을 하면 그 뒤를 따라 효영과 내가 자유형을 하고, 계화가 평영을 하면 그 뒤로 효영과 나도 평영을 했다. 친구들과 중간중간 서로 자세를 봐주고 수다도 떨며 수영을 하니 수업 시간보다 마음이 평온했다. 처음엔 수친들의 매끄러운 리드를 받으니 따라갈 만했지만 시간이 갈수록 뒤처지는 게 느껴졌다. 그럴 땐 수경을 벗고 다른 사람들에게 최대한 방해되지 않도록 레인 가장자리에 붙어서 쉬었다. 수영을 하다 쉴 때 레인 중앙 벽에 붙어 있으면 다른 사람들이 턴하는 것을 방해하니 가장자리에 붙어 있는 게 예의다.

쉬면서 보니 보이지 않던 것들이 보이기 시작했다. 수업 시간에는 앞사람 쫓아가느라 정신을 차릴 겨를이 없는데, 자유 수영을 하니 다른 사람들은 어떤 자세로 수영을 하는지 관찰할 여유가 생겼다. 자유형도 사람마다 자세가 다 달랐다. 같은 영법이라 그 차이가 더 도드라져 보였다. 툭툭 무심하게 발차기를 하면서도 쭉쭉 미끄러져 나아가는 사람이 있는가 하면, 죽어라 발차기를 하며 물이랑 싸우는데 속도는 좀처럼 나지 않는 사람도 보였다. 그 모습을 보며 내 현실은 파닥파닥 발차기를 하는 자유형이지만 추구하는 것은 무심하게 툭툭 발차기를 하는 자유형으로 정했다.

자유 수영이 끝난 후엔 내가 수제 맥주가 맛있는 펍, 미스터리브루잉으로 수친들을 데려갔다. 수영 후 마시는 맥주가 얼마나 산뜻하던지. 수영 이야기를 하며 마셔서 더 맛있게 느껴졌는지도 모르겠다. 맥주를 마시며 다음 자유 수영 계획을 철저히 세웠다. 충무스포츠센터 수영장이 문을 여는 일요일 오후에 수영을 한 후 신당동 계류관에서 뒤풀이를 하기로. 그리고 그 계획은 곧 이루어졌다.

"중구민이세요?"
"네, 아, 아니요. 금호동은 중구가 아니죠?"

동네에서 만나 사이좋게 충무스포츠센터 수영장까지 걸어간 우리는 잠시 우리가 중구민인가 하는 착각에 빠졌다. 이내 할인받지 못하는 타구민임을 겸허히 받아들이고 결제를 했다. 1인당 6000원을 내자 로커 키와 함께 "수건 한 장씩 챙겨서 입장하세요"라는 말이 돌아왔다. 사우나도 아닌데 수건이라니. 감동이었다. 수건을 챙겨 든 친구들도 한마디씩 했다.

"수건 주니까 너무 좋다."

"그래서 입장료가 비싼가 봐."

샤워실에 들어가자 온탕과 냉탕이 눈길을 끌었다. 그 안에는 사우나에 온 듯한 어른들이 빼곡히 자리를 잡고 있었다. 수영한 후 온탕에 들어가 보리라 다짐하며 샤워를 하고 수영복을 입었다. 충무스포츠센터 수영장은 마포아트센터 수영장보다 한산해 셋이 상급반 레인에서 수영을 해도 여유로웠다. 평영을 하다 물을 먹기 전까지는.

"여기 물이 너무 짜."

"물도 짜고 더 어두운 것 같아."

"해수라 그래. 이 수영장이 우리 수영장보다 물이 더 무거워."

자유 수영 두 번 만에 수영장 물 감별사가 된 우리는 락스 물과 해수의 차이를 온몸으로 이해하게 됐다. 소금 농도보다 적응이 어려운 것은 탁도였다. 해수풀이 일반 수영장보다 탁할 수도 있다는 걸 몰랐는데, 하필이면 내가 가진 수경 중 가장 어두운 나이키 익스펜스 미러 수경 블랙을 가져온 것이다. 앞이 안 보이지만 심청이를 찾아 바다에 뛰어든 심 봉사의 심정으로 수영을 하려니 고개를 내밀 수 있는 평영을 자꾸 하게 됐다. 수영 영법 중 제일 자신 없는 평영을 하려니 점점 속도가 느려졌다. 그 모습이 안쓰러웠던지 계화는 평영 발차기 시범을 보여주었고, 효영이는 자신의 아레나 수경을 내밀며 수경을 바꿔 쓰자고 했다. '자유형 여신'답게 멋지게 출발하는 그 뒷모습이 얼마나 든든하던지. 몇 분 후 효영이가 수경을 벗으며 말했다.

"그동안 이 수경을 쓰고 어떻게 수영한 거야? 앞이 하나도 안 보여."

자유 수영을 마친 후 마침내 신당동 계류관까지 걸어가 장작 구이 통닭과 닭모래집대파튀김을 먹었다. 마무리로 국수를 맛보는데 세상을 다 가진 기분이었다.

덧. 어느덧 수친들과 자유 수영을 다녀온 지 1년이 지났다. 나는 이제 전국 어느 수영장을 가도 쭈뼛대지 않고 입장하는 기개를 장착했다. 느린 속도로 길을 막는 민폐를 끼치지 않기 위해 혼수(혼자 하는 수영)를 할 땐 중급 레인으로 입수하는 눈치도 챙겼다. 전국 어디를 가나 혼술이 아니라 혼수를 즐기는 수영인이 됐다. 지방에 강연하러 갈 일이 생기면 수영복을 챙긴다. 지방 수영장은 서울과 달리 평일에도 자유 수영 레인이 많기 때문이다. 지난달에는 창원으로 출장 간 김에 강연 전날 밤 창원 실내 수영장에 다녀왔다. 50m 레인이 10개로, 단돈 4000원에 최대 3시간까지 자유 수영을 할 수 있는 곳이었다. 중급 레인에서 느긋하게 내가 추구하는 느린 자유형을 연습했다. 숨을 돌리며 쉴 때, 연수반(일부 수영장에선 초·중·상급반 다음으로 연수반을 운영한다) 사람들이 스타트 블록에서 다이빙하는 모습을 구경하는 것도 흥미로웠다. 그야말로 4000원의 행복이었다. 금요일 밤의 혼수로 기분 전환을 한 덕인지 다음 날 강연도 성공적이었다.

어쩌다
드디어

상급반

　여행을 떠나면 꼭 소원을 빌게 된다. 어디를 가나 소원을 비는 장소가 하나쯤 있기 마련이고, 소원이 이루어진다는데 굳이 안 빌 이유가 없기 때문이다. 예를 들어 스페인 세비야 대성당은 소원 빌기 좋은 명소로 유명하다. 성당 안에는 대항해 시대에 스페인 왕실의 후원을 받아 항해를 떠난 콜럼버스의 묘가 있는데, 옛 스페인 왕국의 네 왕이 그의 관을 들고 있는 모양새다. 그중 앞쪽 왕 조각상의 발을 만지면 세비야에 다시 오게 된다고 한다. 세비야에 도착한 순간 첫눈에 반해 '좋다'는 말을 백 번쯤 한 나는 세비야 대성당에 가서 콜럼버스 묘 조각상의 발을 붙잡고 진심을 다해 빌었다. 꽃 피는 봄날 세비야에 다시 오게 해달라고. 2년 뒤 4월, 거리마다 오렌지꽃 향기가 은은하게 번지는 세비야에 팸 투어로 다시 오게 될 줄은 꿈에도 모른 채 말이다. 이루어지지 않는다고 해도 소원을 비는 행동은 그 자체로 의미가 있다. '내 소원이 뭐였지' 하고 생각하다 보면 나도 몰랐던 내 마음을 들여다보게 되니까. 그래서 나는 여행지에서 소원을 비는 장소를 보면 그냥 지나치지 못한다.

지난겨울 켄싱턴호텔앤리조트 설악에 갔을 때도 마찬가지다. 폭설로 겨우 도착한 호텔 로비에 크리스마스트리가 반짝반짝 빛내고 있었다. 케이블카를 타려고 했는데 폭설과 강풍으로 운행이 중지된 상황이었다. 원영적 사고(초긍정적 마인드를 뜻하는 밈)를 도입해 호텔 옥상에서 설악산 설경은 실컷 볼 수 있으니 '럭키비키'라고 생각하기로 했다. 눈 쌓인 설악산을 감상한 후엔 트리를 배경으로 사진을 찍으며 연말 기분을 내보기로 했다. 가까이서 보니 그냥 트리가 아니라 위시 트리였다. 종이에 소원을 적어 트리에 달고 인스타그램에 인증샷을 올리면 숙박권을 주는 이벤트도 진행 중이었다. 창밖에 쌓인 눈처럼 하얀 종이에 소원을 적어 트리에 달았다.

"이번 생에 수영 상급반 가게 해주세요!"

산타클로스나 호텔 총지배인이 나를 상급반에 보내줄 수 있는 것도 아닌데 굳이 상급반에 가게 해달라고 소원을 비는 나를 보고 남편이 피식 웃으며 물었다.

"그렇게 상급반에 가고 싶어?"

"응. 진짜 내 소원이야."

"상급반 가서 뭐 하려고?"

"스타트(경기 시작과 동시에 물속으로 뛰어드는 동작) 배워서 대회 나가야지. 내가 위시 트리에 소원 적은 종이 다는 모습, 사진 좀 찍어봐. 이벤트에 당첨될 수도 있잖아."

꼭 상급반이 돼야 대회를 나갈 수 있는 것은 아니다. 구청장배 수영 대회의 경우 누구나 참가비를 내면 1인 2종목은 출전할 수 있다고 들었다. 하지만 초보를 위한 시합은 없지 않나. 꼴찌를 하더라도 상급반 수영인처럼 이왕이면 "테이크 유어 마크 Take your marks"라는 소리가 울려 퍼질 때 출발대(높은 위치에서 물속으로 뛰어들게 돕는 발판) 위에서 멋지게 수영장으로 뛰어들어 50m를 완주하고 싶다. 스타트도 못하는 상태에서 수영 대회에 나가면 물속 출발을 해야 하니 승률이 떨어질뿐더러

폼이 안 난다. 그러니 이번 생에 대회에 나가려면 열심히 수영 실력을 쌓아 상급반으로 가서 스타트를 배우는 수밖에.

이후 겨우내 열심히 수영을 했다. 얼어 죽을 것 같은 날씨에도 털모자를 쓰고 수영을 하러 갔고, 눈이 내린 날도 아무도 밟지 않은 눈길을 뽀드득 소리 나게 밟으며 수영장에 갔다. 그랬더니 수영 실력이 야금야금 나아지는 느낌이 들었다. 야금야금 나아지는 기분에 1+1으로 얻은 것이 있었으니, 바로 어깨 통증이었다.

건강하려고 수영을 하는데 왜 어깨가 아픈 거냐고 투덜대며 재활의학과를 찾아갔다. 엑스레이를 찍고 진료실로 들어가자, 비타민 D 부족으로 추정될 만큼 피부가 창백한 의사가 앉아 있었다. 병약해 보이는 의사는 내 팔을 잡고 언제부터 아팠는지, 이런저런 자세를 취할 때 어떤 통증이 느껴지는지 꼼꼼히 확인한 후 모니터에 엑스레이를 띄우고 차분한 목소리로 진단을 내렸다.

"어깨가 아니라 목이 문제네요. 목이 일자인 것 보이죠? 승모근, 사각근, 어깨올림근이 다 긴장 상태예요."

"그래요? 제가 자유형할 때 고개를 많이 들거든요. 그래서 무슨 근 무슨 근이 안 좋아진 걸까요?"

(고개를 끄덕이며) "아무래도 그럴 수 있죠."

"접영도 호흡하면서 팔을 앞으로 돌리며 리커버리할 때 어깨가 아파요."

(동공이 확대되며) "접영도 하세요?"

"네."

"제 생각엔 수영을 하려면 배영 위주로 하는 게 좋겠어요."

(흥분해서 큰 목소리로) "네? 선생님 그렇게 못 해요. 자유 수영이 아니라 수영 강습을 받는 거라 매주 집중적으로 배우는 영법이 다르거든요."

(당황해서 살짝 뒤로 물러나며) "아플 땐 쉬는 게 좋은데……정 그러면 수영 전후에 스트레칭을 하시고, 도수 치료를 받아 봅시다."

"네."

그렇게 나는 도수 치료를 위해 침대에 누워 머리를 굴렸다. 내 어깨는 소중하니까. 다음 달부터 일주일에 두세 번은 요가원에 다녀온 후 수영장에 가야겠다. 오전 10시 요가 클래스에 가고 오후 12시 수영 강습을 받으면 딱 맞겠네. 새벽 7시 수영 강습은 화·목·토로 줄이고, 월·수·금에 오후 수영을 하는 거지.

그럼 스트레칭이 제대로 된 상태로 수영을 할 수 있잖아. 오전 시간을 운동으로 탕진하고 기운 없어서 일 못 하는 거 아냐? 아니야. 운동할 시간을 내지 못하는 사람들은 앓는 데 시간을 쓰게 된다잖아.(인도 작가 로빈 샤르마가 한 말) 인생은 어차피 장거리 수영이야.

운 좋게도 신규 등록에 성공해 3월부터 낮 12시 수영에 발을 들였다. 오후 수업은 새벽과 달리 초·중급 레인과 상급 레인으로 나뉘어 있었다. 중급반인 나는 초·중급 레인으로 가야 할 것 같아 담당 강사를 찾아 두리번거리다가 상급반 강사와 눈이 딱 마주쳤다. 마주친 김에 인사를 하며 물었다.

"안녕하세요? 선생님, 저 어디로 가야 할까요?"

"12시는 초·중급 통합이라 거기로 가면 운동량이 너무 적어요. 상급반으로 오세요."

"네? 제가요? 상급반에 가도 돼요?"

뜻밖이지만 꿀 같은 제안이었다. 나는 냉큼 상급반 레인으로 입수했다. 심지어 내가 입수한 레인이 2개의 상급반 레인 중 더 잘하는 사람들 레인이라는 것도 모른 채. 이번 생에 상급반에 가는 게 소원이었는데, 2024년 3월 그 꿈이 이루어지다니! 꿈은 계속 노력하는 자의 편인가. 그런데 상급반이라는 세 글자에 어깨가 으쓱해서 자유형을 하는데 어깨가 절로 올라가는 게 아닌가. 오리발 데이에도 불구하고 다른 회원들에 비해 느린 게 느껴졌지만 소원을 이룬 기쁨에 취해 어깨가 아픈 것도 잊을 만큼 기분이 좋았다.

앞으로도 여행지에선 소원을 열심히 빌어야겠다. 소원을 빌 때마다 내 마음을 찬찬히 들여다보며 내가 바라는 내 모습을 상상해야지. 바카사나(두루미 자세)하는 요기니가 되고 싶다는 꿈도 이루어지길. 상상이 현실이 되도록 노력하는 것은 나의 몫!

덧. 얼마 뒤 켄싱턴호텔앤리조트에서 DM을 받았다. 이벤트 당첨을 진심으로 축하한다며 주소를 알려 주면 숙박권을 보내주겠다고 했다. 당첨이라니. 혹시 이벤트 담당자도 수영인인 걸까. 그래서 내 간절한 소원이 통한 게 아닐까. 아무튼 응모하길 잘했어. 이 기세 그대로 올해는 뭐든 시도해 보자.

용의 꼬리가 되려다

용용 죽겠네

"수영은 뱀의 머리보다 용의 꼬리를 해야 실력이 늘어."

나의 롤 모델 M 언니에게 들은 말이다. M 언니는 수력이 20년 넘은 상급반 회원으로 각종 대회 출전 경험은 물론 수영 심판 자격증과 라이프가드 자격증을 보유하고 있다. 심판으로 활동하는 언니를 보며 나도 노력하면 심판이 될 수 있겠다는 생각을 했고, 기회가 되면 국제 심판까지 진출해 보자는 꿈을 꾸기도 했다. 실패할 용기만 있다면 꿈은 얼마든지 크게 꿀 수 있으니까.

국제 심판은 먼 미래의 얘기고, 하루아침에 용의 꼬리가 된 내 꿈은 소박했다. 상급반 1번에게 꼬리를 잡히지 않는 것. 꿈은 소탈했지만 매 수업 시간 그 꿈을 이루는 과정은 순탄하지 않았다. 다들 나보다 훨씬 속도가 빨라서 뒤처지지 않고 따라가려고 용을 써야 했다. 그러다 앞사람과 거리가 많이 벌어지면 실력을 들킨 것 같아 마음이 불안했다. 뭐라고 하는 사람도 없는데, 혹여 누가 수영도 못하면서 왜 상급반에 왔냐고 한 소리 할까 봐 전전긍긍했다. 자격지심이었다. 내가 상급반 레인에 발을 담갔다고 해서 진짜 상급반 실력이 아니라는 걸 누구보다 스스로 잘 알기에.

그러던 어느 날 상급반 강사가 수영 훈련용 초시계를 들고 나타나 선포했다.

"자, 오늘은 IM 기록을 잴 거예요. 어서 몸 푸세요."

기록이라니, 이 무슨 살벌한 말인가. 갑자기 심장이 뛰기 시작했다. 기록을 재기도 전에 심박수가 마구 올라가는 느낌. 그런데 IM은 어떤 영어 단어의 약자일까?

①Individual Melody ②Individual Medley ③Individual Melodrama

정답은 2번 인디비주얼 메들리 Individual Medley로 접영, 배영, 평영, 자유형 순서로 수영하는 개인혼영을 뜻한다. 줄여서 영어로는 IM, 우리말로는 접배평자라고 한다.

그렇다면 개인혼영 영법 순서는 언제, 누가, 왜, 정한 걸까? 그것이 궁금해서 챗GPT에게 물었더니 1852년 국제수영연맹 FINA에서 혼영의 공정성과 표준화를 위해 접영-배영-평영-자유형 순으로 정했으며 1956년 멜버른 올림픽에서 공식 규칙으로 채택했다는 답이 돌아왔다. 접영을 첫 번째로 하는 이유는 체력 소모가 큰 영법이라 먼저 해야 페이스 조절을 하기 좋고, 배영이 두 번째인 이유는 물속에서 스타트하는 영법이다 보니 중간에 배치할 수밖에 없다고. 배영에 이어 평영과 자유형을 배치한 것은 기술적 연결이 자연스럽고 마지막에 자유형으로 속도를 낼 수 있도록 하기 위해서란다.

챗GPT가 알려준 수영 대회 개인혼영은 50m 기준이지만 내가 상급반에서 기록을 잰 개인혼영은 25m였다. 그럼에도 겁이 났다. 나는 아직 IM을 쉬지 않고 연속으로 해본 적이 없는데, 오리발도 없이 IM 기록을 측정한다고? 용의 꼬리답게 맨 뒤로 물러서서 정황 파악에 들어갔다. 상급반 레인은 2개. 기록 측정을 위해 각 레인별로 한 명씩 출발했다. 물 밖에서 보기에 그리 빨라 보이지 않았다. 저 정도 속도라면 할 수 있을 것도 같았다. 다들 물 밖에서 스타트를 하는데 나만 못하는 게 걸리긴 했다. 강사에게 스타트를 할 줄 모른다고 했더니, 물속 스타트를 하면 된다고 했다. 강사는 배려한다는 표정으로 임산부 회원과 같이 기록을 재라고 했다. 결국 한 달 뒤가 출산 예정일이라는 만삭의 임산부와 함께 나란히 기록을 측정하게 됐다.

출발! 아뿔싸. 긴장한 탓인지 한 박자 늦게 접영으로 출발했다. 접배평자 중 그나마 빠르다는 소리를 듣는 영법이 접영이라 온 힘을 다해 발차기를 하고 스트로크를 했다. 하면 할수록 힘이 빠지는 느낌. 시작부터 이게 아닌데 싶었다. 대회에 출전한 것도 아닌데 평소보다 몸에 힘이 너무 들어갔다. 다시 마음을 다잡고 물을 잡아 뒤로 밀었다. 마침내 25m 끝에 다다랐지만 배영 턴(backstroke turn, 벽까지 배영으로 가서 몸을 뒤집어 다리로 벽을 차고 하는 턴)을 할 줄 몰라 사이드 턴으로 돈 후 배영을 시작했다. 그러다 보니 언더워터 돌핀 킥(underwater dolphin kick, 배영 스타트 후 물속에서 등을 바닥쪽으로 향하게 하고 누워서 차는 접영 발차기. 바사로 킥 또는 버코프 킥이라고도 함)을 할 틈도 없이 팔을 휘저으며 휘적휘적 출발! 그래도 배영은 접영보다 편할 거라 생각했다. 착각이었다. '아점'으로 만두를 먹고 와서 몸이 무거운가. 평소보다 몸이 가라앉는 느낌이었다. 배영을 할 때도 음파 음파 호흡을 해야 하는데 흐트러진 호흡은 돌아올 줄 모르고, 킥을 하는 다리와 스트로크를 하는 팔과 호흡하는 내가 각각 따로 놀고 있었다. 용의 꼬리가 돼보겠다고 아르기닌도 먹고 왔는데 왜 이러지? 그딴 생각 그만하고 팔을 쭉 뻗자. 일단 끝까지 가보자. 마음을 다잡아도 호흡이 무너지니 배영도 너무 힘들었다.

배영할 때 고장 난 기계처럼 버벅거리다가 사이드 턴으로 연결한 해프닝은 대회였다면 즉시 실격당했을 일이다. 겨우 턴을 하고 평영을 시작했더니 팔이 굳어 돌이 되는 저주에 걸린 것처럼 딱딱하게 느껴졌다. 물이 무거워도 이렇게 무거울 수가 없었다. 그때 흘깃 옆 레인을 보니 임산부 회원이 저만치 앞서가고 있었다. 내가 힘겹게 평영을 끝냈을 때 그녀는 이미 자유형으로 출발선을 향해 가고 있었다. 순간 졌다는 생각이 들었다. 헉헉. 기록이고 뭐고 에라 모르겠다 하는 마음에 수경을 벗고 가쁜 숨을 몰아쉬는데, 반대편에서 강사의 외침이 들렸다.

"자유형만 하면 돼요. 어서 출발해요!"

포기를 모르는 강사는 어서 오라고 손짓하고, 나는 못 가겠다고 고개를 저었다. 그렇게 20초쯤 실랑이를 벌이다 마지못해 자유형으로 다시 출발했고, 결국 우스운 기록으로 마무리했다. 부끄러웠다. 느린 기록보다 중간에 포기하려 한 것이.

평영을 하다 왜 그리 멈추고 싶었을까. 턴을 했더라면 느려도 자유형을 할 수는 있었을 텐데. 대체 왜? 힘들어서 멈췄다고 생각했는데, 사실은 옆 레인에서 IM을 하는 임산부 회원을 이기고 싶었던 것 같다. 수력으로 보나 실력으로 보나 내가 느린 게 당연한 일이며, IM 기록 측정이 팔씨름도 아닌데 왜 이기고 싶었을까. 그보다 심각한 건 졌다고 생각한 순간, 더 해봐야 의미 없겠다며 마음을 내려놓은 것이다. 2인 배틀이 아니라 개인 기록 측정이었는데. 벽에 붙어 찌그러져 있던 나에게 회원 몇 명이 웃으며 한마디씩 건넸다.

"접영할 때 힘이 좋던데요."

"평영만 좀 더 연습하면 빨라질 것 같아요."

"다음엔 접영할 때 힘을 80%만 써봐요. 마지막에 자유형할 때 스퍼트 낼 힘을 남겨 놔야 돼."

조언을 듣고 보니 접영을 할 때 페이스 조절을 못해서 평영에서 완전히 지쳐버린 것 같았다. 용의 꼬리를 토닥여 주는 말에, 비록 포기할 뻔했지만 포기하지 않은 나를 칭찬하기로 했다. 1년 전만 해도 양팔 접영으로 25m도 못 가던 초급반 수영인이 상급반이 되어 쉬지 않고 IM을 시도하다니 기특하잖아. 1년째 쉬지 않고 매일 수영을 한 것만으로도 장해. 노력하는 만큼 성장하고 있어. 자화자찬하며 빵을 한 아름 사서 집에 돌아왔다. 빵을 우걱우걱 씹어 먹으며 이런 다짐을 했다. 용의 꼬리, 이제 너에게 필요한 것은 비교가 아니라 연습이다. 이제부터 자유 수영을 할 땐 접배, 평자 나눠서 연습해 보자. 다음 달 기록을 위하여!

4

내 한계는 내가 정할게요

무섭지만

스타트는
하고 싶어

 세상에는 두 종류의 수영인이 있다. 물속 스타트를 하는 수영인과 물 밖에서 스타트를 하는 수영인. 물속 스타트와 물 밖 스타트는 속도 차이도 크지만 멋짐의 차이도 크다. 올림픽 같은 대회에서 선수들이 출전하는 수영 경기를 한 번이라도 본 사람은 알 것이다. "테이크 유어 마크!" 출발 구령 후 출발대에서 선수들이 물속으로 첨벙 뛰어드는 모습이 얼마나 멋진지.

 어린 시절부터 출발대에서 멋지게 날아올라 물속으로 뛰어드는 수영 선수는 선망의 대상이었다. 수영을 배우니 스타트를 할 줄 아는 수영인이 부러워졌다. '카더라' 통신에 따르면 우리 수영장은 중급반 스타트 수업 중 부상자가 발생한 후 상급반만 스타트를 하게 됐단다. 여기서 스타트를 배우려면 상급반에 가야 하는데 그게 쉬운 일인가. 스타트는 남의 일이라 생각하고 지냈다. 월·수·금요일 주 3일을 오후 12시 타임으로 옮기며 갑자기 상급반에 발가락, 아니 온몸을 담그기 전까지는.

오후 수영 상급반도 새벽 수영 상급반처럼 금요일은 스타트 데이였다. 스타트 데이라고 시작부터 스타트를 하는 것은 아니었다. 20~30분 몸을 풀고 난 후 스타트 훈련을 했다. 나를 제외한 모든 회원들은 이미 스타트를 배웠기 때문에 일렬로 줄을 선 후 망설임 없이 물속으로 풍덩 뛰어들었다. 배로 물을 치는 배치기를 하는 사람도 있었지만 다리를 쭉 뻗어 멀리 뛰어드는 사람이 많았다. 나는 슬금슬금 맨 뒤로 빠져 있다가 강사에게 수줍게 고백했다.

"선생님, 저는 스타트를 배운 적이 없어요."
"그래요? 스타트 하나도 안 어려워요. 자세 잡아드릴게요."
강사는 별것 아니라는 듯 명랑하게 스타트 방법을 설명해 주었다.

"자, 발가락으로 끝을 잡아요. 발가락에 힘주고 두 팔은 뻗고!"

"이렇게요?"

"그렇지, 유선형 자세 만들 때처럼 머리 뒤로 넘긴 후 굽혔던 무릎을 펴고 물속으로 들어가기만 하면 돼요!"

강사가 자세를 하나하나 잡아주었지만 막상 뛰어들려니 겁이 났다. 스타트를 하긴 했는데, 내가 수영장에 뛰어든 게 아니라 소용돌이치는 물속에 빠진 기분. 수경 안으로 물까지 들어왔다. 그리고 스타트는 계속됐다. 강사는 계속 자세를 잡아주었고, 나의 실수도 계속됐다. 물에 뛰어들 때마다 수경 안에 물이 들어오거나 수경이 벗겨졌다. 스타트가 반복되는 타임 루프 영화의 주인공이 된 기분마저 들었다.

그날 이후 스타트 데이가 무서워졌다. 스타트도 힘든데, 스타트 후 50m 수영까지 하라는 날은 더 힘들었다. 한 번만 쉴까? 조용히 도망갈까? 쉬어도 도망은 가지 않다 보니 처음보다 수경 안에 물 들어오는 횟수가 줄었다. 이제 조금 할 만해졌나 싶을 즈음, 낮 시간 동안 책 집필에 집중하기 위해 다시 수영 강습 시간을 새벽 7시 매일 반으로 바꾸었다.

그때 쓴 책이 여행 작가의 일과 일상을 다룬 직업 에세이 〈쓰기 위해 또 떠납니다〉다. 스타트하는 용의 꼬리에서 스타트할 일 없는 중급반 뱀의 머리로 귀환이었다. 다시 스타트는 잊고 지냈다. 그저 매주 그 주에 중점적으로 훈련하는 영법에만 집중했다. 배영 주간에는 배영에 집중하고, 접영 주간에는 접영만 생각하며.

"스타트 배웠어!"
원고 마감을 핑계로 수영을 빠진 금요일, 중급반 단톡방이 시끌시끌했다. 아니, 이게 무슨 일인가. 이제 중급반도 스타트를 배운다고? 상급반에 가지 않아도 스타트를 할 수 있다고? 수영 강사들이 초·중급반에서부터 스타트를 가르쳐 상급반으로 보내기로 협의해 각 반의 수준에 맞춰 스타트 강습을 하기로 했단다. 역시 사람에겐 세 번의 기회가 오는 것인가. 이번엔 겁내지 말고 제대로 배워보기로 마음먹고 유튜브에서 '스타트 잘하는 법'을 찾아보았다. 스타트 잘하는 법 영상을 본다고 갑자기 스타트를 잘하게 되지는 않겠지만 마음의 준비를 하기 위해서.

대망의 중급반 스타트 수업 날, 킥판을 바닥에 깔고 무릎을 꿇은 자세로 하는 스타트를 배우기 시작했다. 그렇게 하니 서서 할 때보다 겁이 덜 났다. 그런 다음 서서 스타트를 하는데 다들 배치기를 하거나 무게중심을 잡지 못해 휘청거렸다. 하도 배치기를 해서 배와 가슴이 빨개진 사람이 있을 정도였다. 나 역시 무게중심이 잘 잡히지 않아서 살짝 흔들렸지만 배치기는 하지 않고 머리부터 물속으로 들어갔다. 너무 깊이 들어간 걸까. 물 밖에서 그렇게 깊이 들어가면 위험하다는 호통 소리가 들렸다. 그래도 수경에 물이 들어오진 않았다. 그러자 내가 잘할 수 있을까 하는 의심 대신, 또 잘해 봐야지 하는 의지가 불끈 솟았다.

수업 후 샤워실에서 만난 상급반 선배 회원들이 한마디씩 했다.

"스타트 별거 아니지?"

"해보니 재미있지?"

아직 내겐 너무도 별거인 스타트가 별게 아니라니. 아직 재미를 느끼기엔 정신이 없지만 중급반 회원들 사이에선 전우애가 싹텄다. '이 어려운 걸 내가 해냈지 말입니다' 모드로. 전우, 아니 수친과 함께 성장하는 즐거움이란 이런 걸까. 하루에 1mm만큼이라도 성장하다 보면 나도 출발대 위에 서는 날이 오지 않을까. 나날이 성장하는 수영인으로 나이 들고 싶다. 그러다 보면 40대에 수영 대회에 출전할지도 모를 일이다. 어디선가 "테이크 유어 마크!"라고 외치는 소리가 들리는 것 같다.(배고파서 들리는 환청은 아니겠지?)

덧. 사실 초등학생 때 딱 한 번 스타트를 배운 적이 있다. 그날 난 스타트 수업에 들떠 있었다. 키가 작을 때라 그런지 바닥에 머리를 부딪힐까 봐 겁이 나지도 않았다. 그저 멋지게 해보고 싶었다. 다들 배치기를 하면서 물속으로 뛰어드는데, 나는 배치기를 하지 않고 머리부터 물속에 들어갔다. 박수 소리가 들리는 듯했다. 그러고는 쿵. 정신을 차려보니 선생님에게 구조되어 물 밖으로 나와 있었다. 물속에서 손을 살짝만 위로 들었어도 물 위로 몸이 떠올랐을 텐데, 그걸 몰라 머리를 수영장 바닥에 박아버린 것이다. 그때 그 일이 트라우마로 남지 않아서 다행이라 생각한다. 그래도 앞으로 스타트를 할 땐 너무 깊이 들어가지 않도록 조심 또 조심해야지. 내 머리는 소중하니까.

"쟤는 왜 맨날 지각해?"의

쟤를
맡고 있습니다만

알람 소리보다 먼저 눈이 떠질 때가 있다. 이제 6시네. 아직 시간이 이르니까 10분만 더 자야지. 그러고 눈을 감으면 늘 30분이 흘러버리는 것은 참 신기한 일이다. 새벽에는 우주의 시간이 빨리 흐르는 기분이랄까. 6시 10분, 20분, 30분 켜켜이 맞춰 놓은 알람을 차례로 끄며 생각한다. 이럴 때가 아닌데. 침대의 중력과 싸울 때가 아니야. 어서 물의 저항을 느껴야 하는데. 그러다 더 이상 끌 알람이 없다는 걸 깨닫고는 소스라치게 놀라며 침대에서 몸을 벌떡 일으킨다. 괜찮아. 아직 늦지 않았어.

양치하고 옷 입고 바로 나가면 돼. 이렇게 생각하는 순간 배가 살살 아파온다. 결국 6시 50분이 다 돼서야 현관문을 나선다. 오늘도 어제와 똑같은 상황. 결말은 또 지각이다. 나 원 참.

수영장 탈의실로 골인하는 시간은 6시 59분 즈음이다. 그 시각, 좁은 샤워실은 6시 수업 수영을 마치고 나온 사람들과 7시 수업 수영을 시작하는 사람들로 북새통이다. 어서 수영장에 입장하고 싶지만 샤워라는 통과의례를 거쳐야 하기에 어쩔 수 없이 샤워기 쟁탈전에 참전한다. 겨우 자리를 잡고 물세례를 받으니 이제야 잠이 깨는 듯하다. 수영장 안에서는 어느새 코요테의 '투게더'가 울려 퍼진다. 수영장의 시그너처 '체조송'이다. 누가 선곡했는지 몰라도 체조용 음악은 딱 하나, 오직 코요테의 '투게더'만 튼다. 처음엔 체조송이 뭐 이래 그랬는데, 도입부가 경쾌하고 웅장해서 체조에 제법 잘 어울린다고 생각하게 됐다. 3년째 듣다 보니 나도 모르게 흥얼거리게 되는 그 노래의 가사 중에서 내가 좋아하는 구절은 여기다.

"웃어 더 크게 웃어 이제 맘 편히 홀로 즐겨봐 평생 둘러봐도 모자랄 멋진 이 세상을 느껴봐."

수영복을 입은 사람들이 수영장 주위에 빙 둘러서서 '투게

더' 노래에 맞춰 체조하는 풍경이 낯설 분들을 위해 설명을 하자면, 수영 강습에는 정해진 식순이 있다. 매 시각 정각에 샤워를 마치고 나온 회원들이 수영장에 빙 둘러서서 안전 요원의 동작을 따라 체조를 한다. 체조가 끝나면 수영장에 들어가 킥판을 잡고 발차기를 하며 웜업을 한다. 그렇게 5분쯤 발차기를 하고 있으면 강사들이 속속 등장한다. 각자 맡은 반으로 가서 저마다 개성 있는 방식으로 입수한 후 오늘은 어떤 영법을 어떻게 훈련할지 설명하며 강습을 시작한다.

이때 수영장에 등장하는 수영인은 세 부류로 나뉜다. ①일찍 들어가서 체조부터 하고 풀 코스 강습을 받는 수영인. ②체조는 하지 않아도 킥판을 잡고 발차기를 하며 몸을 풀고 수업에 임하는 수영인. ③10분 이상 늦어서 체조는커녕 몸도 못 풀고 수영장에 뛰어드는 수영인. 여기서 ②번, ③번을 세 글자로 줄이면 '지각생'이다. 지각생을 또 한 글자로 줄이면 '나'다. 내가 다니는 수영장의 시그너처가 경쾌한 체조 음악이라면, 내 시그너처는 뒤늦게 종종걸음으로 들어가는 지각생의 발걸음이랄까. 강사가 그날 집중적으로 연습할 영법에 대해 설명이라도 하고 있으면 방해되지 않으려고 옆 출발점에서 입수하지 않고, 레인 중간쯤에서 잠영을 해서 들어갈 때도 있다.

지각을 자주 하다 보니 체조할 때나 킥판으로 몸을 풀 때 수영장에 들어가면 이런 말을 자주 듣는다.

"웬일이야?"

"오늘은 일찍 왔네."

그럴 때마다 속으로 나를 변호하느라 바빴다. '역시 아침형 인간이 아니라서 새벽에 눈이 잘 안 떠지는 거야' 하는 아침형 타령. '아침형 인간이 아닌데 새벽 수영을 하는 게 어디야'라는 셀프 칭찬. '아 몰라, 째수보다는 늦수가 낫다(수영 강습을 째는 것보다 늦게라도 가는 게 낫다는 은어)는 말도 있잖아. 좀 늦으면 어때' 하는 자기 합리화까지. 지각생의 변명 레퍼토리가 돌림노래처럼 돌고 돈다. 밥 딜런이 그랬대. 아침에 일어나 하고 싶은 일을 하는 사람이야말로 성공한 사람이라고. 아침에 일어나 내가 하고 싶은 일은 수영과 샤워인데 그걸 거의 매일 하는 나는 이미 성공한 사람 아닌가. 지각이 습관이 되면 정신 승리도 습관이 되는 모양이다.

한술 더 떠볼까? 지각에도 장점은 있다. 샤워실이 널널하다. 아무도 없는 샤워실에서 홀로 씻고 들어간 적도 있다. 진정한 씻수를 할 수 있다. 하지만 장점에 비해 단점이 크다. 맨날 늦게 오는 지각생으로 찍힐 수도 있다. 그보다 큰 단점은, 늦게 들어가면 체조와 발차기로 몸을 풀지도 않은 상태에서 설명도 제대로 듣지 못한 채 수영을 시작하게 된다는 것이다. 그러니 호흡이 꼬이고 어깨가 아플 수밖에. 내가 어깨가 아파서 도수치료를 받게 된 원인 중 하나는 지각 때문일지도 모른다. 자유형 뺑뺑이 주간에 체조를 하고 수영을 했더라면 어깨가 덜 아프지 않았을까. 만약 20분이 넘어 수영장에 들어가면 수영 강습을 받는 시간은 단 30분. 수영 강습이 50분인데 10~20분은 날리는 셈이다. 그만큼 운동량도 줄어드니 나만 손해다.

"운동량을 늘리고 싶은데, 화·목에 8시 반 수업을 연달아 들어도 될까요?"

한번은 중급반 강사에게 이렇게 질문했다가 "운동량을 늘리려면 일찍 와서 하면 되지 왜 두 타임을 들어요?"라는 답을 들었다. 수영하다 옆 레인 사람에게 발로 갈비뼈를 뻥 차여서 아플 만큼 맞는 말이었다. 8시 수업을 등록할 때 지각을 기본값으로 하고 30분 할 수영을 1시간 30분 해보자고 생각했던 것도 사실이다. 그제야 화·목요일에 무리해서 8시 수업을 추가로 들을 바에야 이참에 지각하지 않고 정시에 가는 습관을 들이기로 결심했다. 그렇게 한동안 지각 안 하기 캠페인을 펼치기도 했지만 오래가지 못했다.

그래서 내린 특단의 조치는 오후 수영. 왼쪽 어깨의 통증 때문에 병원에 갔다가 수영 전후에 스트레칭하라는 말을 듣고서 '요가 후 수영'을 하리라 마음도 먹었겠다, 오후 12시에 수영을 하면 지각할 이유가 없을 것 같았다. 수박 쪼개듯 주 6일 중 3일씩 나눠 화·목·토요일에는 새벽 수영, 월·수·금요일에는 오후 수영 강습을 받으면 주 3일은 지각하지 않겠다는 생각이 들었다.

한동안은 12시 정각에 들어가 '투게더' 가사를 흥얼대며 체조 후 입수를 했다. 시작은 분명 그랬다. 그런데 시간이 지날수록 이런 생각이 스멀스멀 올라왔다. 내일은 오후 수영이니 늦게까지 일하고 잘까? 내일은 오후 수영이니 드라마를 끝까지 볼까? 내일은 오후 수영이니 한 잔만 더 마실까? 다음 날 새벽 6시에 일어나지 않아도 된다는 명분은 이 핑계 저 핑계를 잘도 만들어냈다. 밤 시간이 즐겁긴 했다. 글이 유난히 잘 써지는 밤도 있었고, 드라마는 볼수록 흥미진진했으며, 밤 술은 유달리 더 달았다. 문제는 다음 날 아침이었다. 점점 늦게 잠들다 보니 점점 늦게 일어나게 되는 건 당연지사. 급기야 늦잠을 자고 일어나 요가도 못 가고 어영부영 오전 시간을 보내다 허겁지겁 오후 수영 강습에 가는 일이 잦아졌다. 원고 마감이 있는 날은 요가를 건너뛰고 책상 앞에 앉아 있다가 후다닥 수영장으로 뛰쳐나갔다. 엘리베이터 거울 속을 보면 정오가 되도록 씻지도 않고 머리가 부스스한 몰골의 여자가 있었다. 누, 누구세요?

 습관적 지각병 자가 치료를 위해 원인부터 분석해 보기로 했다. 대체 나는 왜 늘 수영 강습에 5~15분씩 지각하는가? 생각해 보니 수영 강습 시작 시간이 7시든 12시든 수영장에 여유 있게 도착하려면 시간이 얼마나 필요한지 계산해 본 적이 없었다. 그저 내 머릿속에는 집에서 수영장까지는 도보 8분이라는 최단 시간만 입력돼 있었다. 엘리베이터가 바로 안 잡힐 수도 있고, 비나 눈이 와서 길이 미끄러울 수도 있는 변수를 고려하면 이동 시간을 최소 10~12분으로 잡는 게 안전한데 말이다. 유튜브에서 보니 이런 걸 전문용어로 '낙관적 이동 시간의 오류'라고 한다고. 수영장에 도착해도 샤워실에서 씻고 수영복을 갈아입는 데 시간이 걸리는 것도 고려해야 했다. 샤워실에서 쓰는 시간이 10분이라면 50분에는 도착해야 매 시간 정각에 수영장에 들어갈 수 있다는 얘기다. 45분 정도 도착한다면 어떤 변수가 생겨도 5분의 여유가 있으니 지각은 하지 않을 수 있다. 그러려면 집에서 매 시각 35분에 나서는 습관을 길러야 한다. 제때 나서려면 전날 미리 수영 가방을 챙겨놓는 것도 필수다. 수영을 다녀온 후 바로, 다음 날 수영 가방 챙겨놓기 습관을 들여보자.

지각을 안 하려고 원인을 파헤치고 해결 방안까지 도출하는 걸 보니, 수영이 내게 좋은 운동임에 틀림없다. 운동을 넘어 삶의 태도를 바꿔주는 취미라고 해야 하나. 이미 취미를 넘어 일상이 된 수영 덕에 오늘도 시간을 대하는 자세를 다듬어본다. 새수(새벽 수영)를 하든 오수(오후 수영)를 하든 저수(저녁 수영)를 하든 일찍 가는 수영인이 더 오래 수영할 수 있다는 것을 잊지 말자고.

와츠 인 마이

스위밍 백?

나의 밤 루틴은 수영 가방 싸기다. 직장인 시절엔 매일 밤 내일 회사에 입고 갈 옷을 골랐다면, 수영인이 된 지금은 매일 밤 내일 수영장에 뭘 입고 갈지 골라 수영 가방 안에 고이 담아 둔다. 전날 정해 놓지 않으면 다음 날 수영장 가방 싸는 데 시간이 걸리고, 허둥지둥하다가 꼭 필요한 물건을 빠뜨릴 수도 있으니 미리 만반의 준비를 하려고 한다. 수경이나 수모를 빠뜨리고 가는 치명적인 실수를 할 수도 있으므로. 그럴 경우 기껏 수영장까지 갔다가 샤워만 하고 집에 돌아오면 허무하니까.

이참에 재미없는 수영 가방 싸기도 신나게 하는 내 루틴을 공개해 볼까? 나는 수영복 고르기가 너무 재미있다. 수영복과 수모가 단 하나씩이라면 노잼일 수 있지만, 여러 개면 매일 이거 입을까, 저거 입을까 색을 비교하며 수영복 월드컵을 할 수도 있다. 수영복 서랍(12칸짜리 사무용 수납함)에서 어떤 수영복을 입을지 골라 꺼내고, 수모 파일(파일에 수모를 보관한다)에서 그 수영복에 어울리는 수모를 꺼내 내일의 코디를 정하면 끝. 예를 들면 보라색 티막 에어누디 U백 수영복에는 물결무늬 패턴의 포카 퍼플밤 수모를, 초록색 스웨이브 아치백 수영복에는 귀여운 물개가 프린트된 아말피 스위밍 클럽 수모를 코디한다. 깔맞춤이 낙이자 특기인 나에게 조화로운 컬러의 수영복과 수모 고르기란 사뭇 진지하면서도 흐뭇한 일이다.

수영복과 수모를 골랐다면 그다음은 수경을 고를 차례. 수영복은 15벌, 수모는 10개 가지고 있지만 수경은 5개뿐(?)이라 금방 고를 수 있다. 제일 자주 쓰는 수경은 어떤 색 수모에도 잘 어울리는 흰색 아레나 돌핀 미러 수경이다. 뷰 엘 플렉시블핏 스와이프 미러 수경은 끈이 에메랄드색이라 주로 블루나 민트색 수영복을 입을 때 쓴다. 뷰 수경이 김 서림 방지 기능이 좋아 시야가 깨끗하다는 말에 2개나 사서 쓰다가 당근마켓에서 판

매하고 새로 뷰 수경을 하나 장만했다. 또 하나는 이탈리아 여행 중 구입한 회색 아레나 수경인데, 미러 기능이 없다 보니 내 눈이 너무 환히 들여다보여 몇 번 쓰지도 않고 수경 서랍(수경도 서랍을 하나 장만했다)에 보관 중이다.

5개 중 구입한 지 가장 오래됐지만 손이 안 가는 수경은 나이키 이스펜스 미러 수경 블랙이다. 그 수경을 쓸 때마다 왜 선글라스를 쓰고 왔니, 스키장 가니, 90년대 가수 클론의 '쿵따리 샤바라' 부를 거냐 등의 말을 들었다. 놀림받기 싫어서 안 쓰는 건 아니다. 검은 렌즈가 어두워도 너무 어두워서 수영장에서 선글라스를 쓴 듯한 느낌이 들어 갑갑해서 안 쓰는 거다. 초급반 시절, 회원님은 앞을 안 보고 수영하냐는 강사의 핀잔에 최대한 넓은 시야를 확보하려고 산 수경이라는 게 아이러니다. 이 수경을 쓸 때마다 '렌즈 색만 밝으면 앞이 시원하게 잘 보일 텐데' 하고 생각하던 나는 같은 브랜드, 같은 디자인의 코발트 블리스 컬러 수경을 사서 쓰고 있다. 나중에 알게 된 사실인데, 내가 자유형을 할 때 앞이 잘 안 보였던 것은 수경의 사이즈가 아니라 먼 바닥을 보지 않고 바로 아래 바닥을 보고 수영을 했기 때문이었다. 그 사실을 깨달은 후 자유형을 할 때마다 고개 각도를 고치기 위해 부단히 노력한 결과 이제는 먼 바닥을 보고 자유형을 할 수 있게 됐다.

미러 수경을 쓰든 노미러 수경을 쓰든 꼭 챙기는 용품이 있다. 바로 안티포그 antifog 액. 이름 그대로 김 서림 방지 기능을 점점 잃어가는 수경을 심폐 소생시키는 놀라운 제품이다. 스펀지 스틱형과 스프레이형이 있는데 나는 스펀지 스틱형을 애용한다. 안티포그액은 사용법을 제대로 알고 써야 한다. 라면을 맛있게 끓이려면 라면 봉지에 적힌 끓이는 법을 읽고 따라야 하듯, 수경 김 서림 방지를 위해서는 사용 방법을 숙지하고 써야 효과가 배가된다. 수경 렌즈 안쪽에 안티포그액을 골고루 바른 후 10~15분 충분히 건조한 후 사용 직전에 차가운 물에 살짝 헹구고 착용하면 된다.

실내 수영장 수업 시간에 5부 바지 수영복이나 사각 또는 삼각 수영복을 입는 남자들과 달리 나는 원피스 수영복을 입는 여자이기에 브라캡 또는 니플 패드를 챙긴다. 수영할 때만이라도 브래지어로부터 자유롭고 싶지만, 몸에 착 붙게 입는 수영복 특성상 사용하지 않을 경우 유두 자국이 선명하게 보며 실리콘 브라캡을 챙길 수밖에 없다. 브라캡은 실리콘 소재와 천 소재가 있다. 둘 다 써보니 실리콘이 내구성이 좋아 실리콘 소재만 쓴다. 잃어버리지만 않는다면 영구적으로 사용할 수 있을 정도다.

여자든 남자든 귀에 물이 들어오는 것을 싫어하는 수영인은 이를 미연에 방지하기 위해 수경에 귀마개를 부착해 가지고 다닌다. 나는 아직 귀마개의 필요성은 못 느끼지만, 플립 턴 연습을 할 때 코로 물이 들어오는 것이 괴로워서 코를 집게처럼 눌러 물을 차단해 주는 코마개를 써볼까 생각 중이다.

수영 가방 싸기는 여기서 끝이 아니다. 다음 날이 오리발 데이라면 롱 핀이냐 쇼트 핀이냐 고민해서 핀도 챙겨야 한다. 중급반 이상 강습을 받는 경우 강사의 수업 방식에 따라 핀 외에도 핸드 패들 hand paddle, 센터 스노클 center snokle 같은 용품을 추가로 챙겨야 한다. 핀이 오리발이라면 핸드 패들은 오리손이라고 해야 하나. 핸드 패들은 이름처럼 발이 아니라 손에 착용해 물의 저항을 크게 만들어주는 훈련 장비다. 패들을 끼면 맨손보다 캐치할 때 물을 잡는 감각이 묵직해지며 물을 밀어내는 힘이 극대화된다. 손바닥 면적을 넓혀 물을 더 많이 밀 수 있게 되니 핸드 패들을 끼면 물을 미는 느낌을 강해진다. 그만큼 팔이 아프지만 어깨, 삼두근, 광배근 등 상체 근육 사용량을 늘려 근육을 강화시킬 수도 있다. 핸드 패들을 써서 다양한 훈련을 하다 보면 보다 정확한 손동작의 감을 익히며 속도가 빨라진다. 핸드 패들도 플랫 패들, 핑거 패들, 에르고노믹 패들, 스트랩리스 패들 등 종류가 다양하다. 나는 다이소에서 아레나를 똑 닮은 에르고노믹 핸드 패들을 단돈 3000원에 샀다. 얼마 전 수영장에서 에르고노믹형보다 평평한 플랫 패들이 저항이 크다기에 그렇다면 하나 더 사야 하나 하는 생각(부피도 작고, 다른 색이 하나 더 있으면 깔맞춤하기도 좋을 테니)이 든다. 이렇게 나는 수영보다 장비가 빨리 느는 맥시멀리스트 수영인이 돼가는 것인가.

핸드 패들보다 수영 가방의 지분(부피)을 많이 차지하는 용품은 센터 스노클이다. 센터 스노클이란 호흡 튜브와 헤어밴드로 이루어진 형태로, 본래 강이나 바다에서 수영할 때 에너지를 최소한으로 사용하기 위해 쓰는 용품이다. 코가 막힌 마스크에 호흡 튜브가 달린 바다 스노클링 장비에 익숙했던 내겐 낯선 신문물이었는데, 센터 스노클을 쓰고 수경을 쓰면 코로 숨을 쉴 수 있다는 게 차이점이다. 바다도 아닌 실내 수영장에서 굳이 센터 스노클을 쓰고 훈련하는 이유는 수영을 더 오래 잘하기 위해서다. 내가 다니는 수영장 중급반에선 수업을 시작할 때 센터 스노클을 쓰고 자유형 열 바퀴를 돌며 몸풀기를 한다. 처음엔 그 신문물을 쓰고 호흡하는 게 힘들어 허우적거렸는데, 지금은 센터 스노클을 하고 바다 수영을 하는 미래를 그리며 기꺼이 쓴다.

문제는 센터 스노클을 착용한 채 서서 설명을 들을 때다. 다들 센터 스노클의 호흡 튜브를 수평으로 회전시켜 편안하게 서 있는데 나만 호흡 튜브가 입과 코를 가리고 있어 답답한 게 아닌가. 처음 살 때 색과 얇은 디자인만 보고 샀더니, 호흡 튜브가 헤드밴드에 고정되어 있는지도 몰랐던 것이 패착이었다. 혼자 센터 스노클을 벗었다 썼다 괴로워하던 끝에 결국 호흡 튜브 회전 기능을 탑재한 로스터리식 헤드밴드 센터 스노클을 하나 또 샀다. 수영용품도 꼼꼼히 따져보고 사야 멍청 비용을 안 쓰는데, 두 번 돈을 쓴 셈이다. 그 덕에 센터 스노클이 티어 센터 스노클 파란색과 아레나 센터 스노클 연보라색 2개가 됐으니 깔맞춤의 폭이 넓어졌다고 정신 승리 중이다.

아니, 뭘 그렇게 바리바리 싸가지고 수영장에 가냐고? 놀라지 마시라. 아직 수영 가방에 넣어야 할 물건이 더 있다. 수영장 입수 전 몸을 씻으려면 보디 워시, 샴푸, 컨디셔너는 기본이고 보디로션, 토너, 에센스, 수분 크림 등 화장품 일체를 챙겨 가려면 수영 가방이 보부상 봇짐처럼 커질 수밖에. 수영을 꾸준히 한 덕에 머릿결이 개털급으로 안 좋아진 나는 샴푸 브러

시와 젖은 머리용 웨트 브러시, 헤어 오일도 가지고 다닌다. 안 가본 수영장으로 원정 자유 수영을 갈 땐 드라이기도 챙겨 간다. 수영장마다 드라이기 개수나 비치한 위치가 달라 우물쭈물하다가 머리를 제대로 못 말리고 나올 수 있기 때문이다. 수영 한번 하려면 이렇게 챙겨 갈 게 많다. 그래서 수영장마다 매달 5000원씩 내고서라도 개인 사물함을 사용하는 사람이 많다. 하지만 나는 '1년 치 사물함 비용(6만 원)을 아껴 수영복 하나 더 사 입자'주의라 샤워용품은 다이소에서 구매한 물 샘 방지 실리콘 용기에 소분해서 들고 다닌다.

하마터면 수영 후 꼭 필요한 수건 이야기를 건너뛸 뻔했다. 일부 수영장에선 입장 시 찜질방처럼 수건을 한 장씩 챙겨주기도 하지만 대부분은 타월을 제공하지 않는다. 고로 수영장에 타월을 챙겨 가지 않으면 수영복으로 몸을 닦아야 하는 불상사가 생길 수 있다. 수영 후 바로 회사로 출근하는 사람들은 젖은 상태에서 물기를 제거하고 젖은 상태로 보관하는 습식 타월이나 빨리 마르는 스포츠 타월을 사용하는 경우가 많다. 나는 몸을 닦을 때 피부에 닿는 보송보송한 감촉을 좋아해서 새 송이버섯으로 몸을 닦는 느낌이 난다는 스포츠 타월이나 축축한 물수건으로 몸을 닦는 습식 타월 대신 집에서 쓰는 핸드 타월, 추운 겨울엔 온몸을 감쌀 수 있는 배스 타월을 사용했다. 올해 생일에 수영할 때 쓰라며 런던, 파리, 뉴욕이란 글씨가 새겨진 TWB 시티 타월을 선물해 준 친구 덕에 매일 해외여행 가는 마음으로 타월을 챙겨 다닌다. 참고로 배스 타월, 핸드 타월, 스포츠 타월, 습식 타월 순으로 부피가 크다.

경험상 수건보다 안 가져갔을 때 사태가 심각해지는 건 수경이다. 수영장에서 50분간 눈을 감고 수영하거나, 물속에서 눈을 뜨고 수영할 자신이 있다며 모를까. 수경 없이 수영 강습을 받는다는 건 불가능하다.

수경이 없어서 수영을 못 하는 웃픈 일을 나도 겪을 뻔했다. 지각을 하지 않겠다는 일념으로 경보하듯 걸어 수영장에 도착한 날이었다. 그 속도 그대로 빠르게 샤워를 하려고 수영 가방에서 샤워용품과 수영복을 담아둔 바구니를 꺼내는데 수경이 안 보였다. 에이, 가방 안에 있겠지. 찬찬히 다시 찾아봐도 없었다. 집에 다시 돌아가 수경을 가지고 오면 20분은 걸릴 텐데, 샤워만 하고 집에 돌아가야 하나. 혹시나 하는 마음에 샤워실을 관리하는 분에게 "혹시 남는 수경 하나 있을까요?"라고 물었더니 "그럼, 있지"라는 대답이 돌아왔다. 지니를 영접한 알

라딘이 된 심정으로 고맙다고 머리를 조아리며 받아 들었는데 초등학생 때나 썼을 법한 퍼런 수경이었다. 핫 핑크색 롱 핀에 맞춰 핑크색 그러데이션이 돋보이는 블랙 수영복과 블랙 수모를 챙겨 왔건만 그에 전혀 어울리지 않는 시퍼런 수경이라니. 그날 이후 수영 가방을 쌀 때 수경을 챙겼는지 꼭 체크한다.

오늘도 나의 밤 루틴은 내일 들고 갈 수영 가방 싸기다. 수영 가방을 잘 싼 후에는 '오늘은 잘 안됐지만 내일은 잘될 거야'라는 마음도 솔솔 뿌려놓는다. 오늘 오픈 턴(사이드 턴)이 안됐다고 해서 내일도 안되라는 법은 없고, 내일은 오늘보다 1mm라도 발전하고 싶으니까. 잘 싼 수영 가방은 매일 수영을 즐겁게 하게 해주는 원동력이 된다.

내 한계는

내가 정할게요

"선생님, 저 50m 수영장 가보고 싶은데, 가도 될까요?"
"가지 마요."
"왜요?"
"지금 가면 망망대해처럼 느껴져."

초급반 3개월 차, 저녁 9시 수업을 듣던 시절 강사와 나눈 대화다. 망망대해라니. 어푸어푸 헤엄치다 중간에 멈춰 서서 앞으로 가지도, 뒤로 가지도 못하는 내 모습을 생각하니 두려움이 나를 휘감았다. 괜한 걸 물어봤구나 싶었다. 그러곤 50m

풀장에 진출해 보겠다는 마음을 조용히 접었다. 서울 올림픽 수영장도 아니고 런던 올림픽 수영장에서 수영해 보고 싶다는 욕망을.

왕초보 주제에 꿈도 야무졌던 데는 나름의 이유가 있었다. 코로나19 시국, 집콕 생활이 지긋지긋했던 나는 런던에 사는 동생을 보러 간다는 핑계로 런던행 마일리지 비행기 티켓을 예약한 터였다. 여행 가는 김에 수영도 해볼까 하는 마음에 런던의 수영장을 검색했더니 세계적인 건축가 자하 하디드가 런던 올림픽 수영장을 설계했다는 게 아닌가. 길이 50m, 깊이 3m로 올림픽 경기에 최적화된 수영장이었다. 평영으로 25m 완주도 힘들던 때였지만 '어머, 여긴 꼭 가야 해'라는 생각이 들었다. 자유형과 배영으로 50m를 횡단해야 하는데 중간에 멈추면 어쩌나. 발도 닿지 않는 3m 풀장인데. 생각할수록 걱정이 밀려와 수영 강사에게 가도 될지 물었다가 가지 말라는 소릴 들었던 것이다. 그날 이후 50m 수영장을 생각하면 늘 '망망대해'라는 단어가 떠올라 마음이 움츠러들었다. 런던에 다녀온 지 1년쯤 후 중급반이 됐지만 50m 수영장은 감히 갈 생각을 못 했다. 이듬해 7월에 전주로 워케이션을 가기 전까지는.

일 work과 휴가 vacation의 합성어인 워케이션은 휴가지에서 일하는 형태를 말한다. 노트북만 있으면 어디서든 글을 쓸 수 있는 나 같은 프리랜서 중에는 어차피 일할 거라면 새로운 장소에서 해보자는 마음으로 워케이션을 떠나는 경우가 많다. 수친자(수영에 미친 자)인 나는 노트북에 수영복과 수영용품을 더해 여행 가방을 싼다. 국내 여행의 경우 배낭 하나 달랑 메고 다니는데, 배낭에 육지 옷은 안 넣어도 물옷은 챙겨 떠나는 것이다. 여행지에서도 매일 수영하는 루틴을 유지하고 싶어서다. 전주완산수영장이 좋다던데 이참에 가보면 되겠다 싶었다. 전주완산수영장을 검색하다 흠칫 놀랐다. 이곳에는 25m 레인이 없었다. 오직 50m 레인만 10개가 있는 대규모 수영장이었다. 망망대해네. 게다가 홈페이지에 자유 수영이 가능한 시간이 안내되어 있지 않았다. 망망대해를 건너다 멈춰도 낭패지만, 자유 수영을 하러 갔다가 못 해도 낭패 아닌가. 전주완산수영장에 전화를 걸어 "안녕하세요? 자유 수영을 하려고 하는데요, 몇 시에 가면 돼요?"라고 묻자 "자유 수영은 자유롭게 와서 하면 되지 시간을 뭘 물어요"라는 바다처럼 통 큰 답이 돌아왔다.

더 이상 물러날 곳이 없었다. 자유 수영을 위해 망망대해로 나아가는 수밖에. 전주에 도착한 둘째 날, 칼을 뽑았으면 무라도 썰어야지 하는 마음으로 수영장으로 향했다. 수영을 하기 도 전에 떨렸다. 돌핀 킥을 하듯 요동치는 심장을 부여잡고 샤워를 했다. 난생처음 50m 수영장에 들어가려니 중급 레인까지는 어떻게 가야 하나 살짝 헤맸다. 초급 레인으로 입수한 다음 중급 레인 끝에 가서 섰다. 심호흡을 하고 물속 출발을 했다. 시작은 자유형. 오른팔로 물을 잡아 뒤로 보내며 호흡했다. 음파. 이번엔 왼손으로 물을 잡아 뒤로 보내며 발차기를 했다. 오른팔과 왼팔을 쭉 뻗어 글라이딩(물속에서 몸이 슝 하고 미끄러지듯 나아가는 동작)하며 뻥 뚫린 고속도로 같은 레인을 따라 앞으로 전진했다. 25m 풀에서처럼 벽에 다다르면 턴을 할 필요 없으니 오히려 힘이 빠지지 않아 미끄러지듯 앞으로 쭉 나아가는 기분이 어색하면서도 설렜다. 숨을 고르고 다시 한번 자유형 50m를 하니 금방 100m가 됐다. 그다음은 평영으로 50m를 갔다가 배영으로 출발점으로 돌아왔다. 평소 25m 풀 천장을 보고 배영을 할 때와 달리 스트로크를 해도 해도 천장의 끝을 알 수 없어 얼마나 남았는지 감이 잡히지 않았지만 별 무리 없이 50m를 완주했다. 접영을 시도하자 40m쯤 갔을 때 힘이 들어서 자유형으로 바꾸긴 했지만, 중간에 서지 않고 끝까지 헤엄쳤다. 어라? 막상 해보니 50m는 그리 먼 거리가 아니었다. 해

보기까지 마음의 거리가 멀었을 뿐.

　내 인생 첫 50m 풀에서 헤엄치고 나와 서학 예술인 마을 도서관 창가에 앉아 노트북을 켜다가 문득 벼룩은 얼마나 높이 뛸 수 있는가에 대한 이야기가 떠올랐다. 벼룩은 가만히 두면 키의 20배까지 뛸 수 있는 곤충이란다.(이런 놀라운 능력충이라니!) 이렇게 높이 뛸 수 있는 벼룩을 낮은 상자에 가두면 어떤 일이 일어날까? 처음엔 천장에 부딪히다가 이내 박스 높이에 순응해 버린다고 한다. 심지어 벼룩을 박스에서 꺼내주어도 딱 박스 높이만큼 뛴다는 게 이야기의 결말이었다. 나 역시 중급반에서 수영한 지 1년이 지났는데도 내 수영의 한계를 25m라고 생각해 버렸던 건 아닐까. 한계란 부딪쳐 봐야 내가 넘어설 수 있는지 알 텐데 시도해 보기도 전에 스스로 한계를 설정했구나. 어디 수영뿐인가. 그동안 '나는 못해, 나는 못할 거야'라고 생각해 온 일은 또 얼마나 많은가 하는 생각에 수영장 물을 한 바가지 들이켠 듯 입안이 텁텁했다. 이제라도 50m 풀에서 수영을 시도해 본 게 다행이었다. 유럽의 서쪽 끝에서 망망대해를 건너 신대륙을 발견한 포르투갈 탐험가의 심정을 조금은 알 것도 같았다. 매일 아침 동네 해협을 횡단하던 나에게는

50m 풀이 신대륙이었으니까.

    한 달 후 또 2박 3일 전주를 여행했다. 이번에는 전주완산수영장만큼이나 전주 시민들의 사랑을 받는 덕진수영장에 가보려고 물옷을 챙겼다. 기와지붕이 예쁜 덕진수영장 역시 50m 풀로, 단돈 3000원에 최대 3시간까지 자유 수영을 할 수 있었다. 50m 풀이 10개나 되는데 그중 걷기 레인과 강습 레인을 제외하면 총 7개가 자유 수영 레인이었다. 그날 난생처음 50m 풀에 도전한 남편은 자유형으로 쉬지 않고 끝까지 갔다며 무척이나 뿌듯해했다. 어딜 가나 수영장 물을 먹고 오는 물맛 감별사답게 물맛도 서울보다 좋다고 했다. 50m를 자유롭게 오가는 기분에 취한 우리는 서울로 돌아오는 날에도 덕진수영장에 들러 자유 수영을 즐겼다. 이틀 동안 들락거린 덕진수영장 입구에는 이런 말이 쓰여 있었다.

  "운동은 하루를 짧게 하지만, 인생을 길게 해준다."

    맞는 말이다. 운동으로 야금야금 늘린 인생, 앞으로는 부단히 내 한계를 찾아볼 생각이다. 그럴 때마다 '아, 나는 여기까지인가' 생각하지 않고 '와, 내가 여기까지 왔구나' 생각하련다. 내 한계는 내가 정해야지.

전주에 다녀온 지 3개월 후 런던을 여행할 기회가 찾아왔다. 〈리얼 포르투갈〉 개정판 취재 차 가서 런던에 사는 동생 집에 며칠 머물다 이탈리아로 이동하기로 계획을 세웠다. 유럽의 경우 저가 항공을 이용하면 단돈 몇 만원에 국경을 넘나들 수 있기 때문이었다. 런던에서 보내는 마지막 날, 동생과 템스강변에서 점심을 먹고 혼자 런던 스트랫퍼트역에 내렸다. 몇 년 전 포기했던 나의 로망, 런던 올림픽 수영장에서 자유 수영을 하기 위해서!

지하철역에서 런던 올림픽 수영장까지 걸어가는 길, 햇살이 좋아서 수영을 하기도 전에 마음이 간질간질해졌다. 가기 전에 미리 찾아보니 로커를 사용하려면 동전이 필요해 조카의 코 묻은 돈을 빌려 왔다.

"수환아 1파운드 있어? 이모가 수영장 로커비가 없는데 빌려 줄래?" 했더니 "이모, 2파운드 가져가"라며 조카가 동전 2개를 내 손에 쥐여 주었다. 옆에 있던 동생도 영국에선 언제 시스템이 다운될지 모르니 현금을 챙겨 가라며 20파운드를 줬다. 졸지에 파운드 부자가 된 나는 수영복과 수모, 수경, 수건, 빗을 주섬주섬 챙겨 들고 여기까지 왔다.

막상 와보니 앱에서 회원 가입을 해야 한다기에, 그 번거로운 과정을 거쳐 결제까지 하고 무사히 입장했다.

웅장한 수영장 건물 안으로 들어선 순간 여기서 은메달을 딴 박태환 선수가 떠올라 가슴이 웅장해지는 것도 잠시, 남녀 구분이 없는 탈의실에 들어선 순간 당황했다. 어느 로커를 써야 할지, 어디서 샤워를 하고 옷을 갈아입어야 할지 동선이 한눈에 안 들어왔다. 수영장 이용 규칙을 읽어보니 런던 올림픽 수영장에선 샤워나 수모 착용이 의무가 아니었다. 1인용 탈의실에서 수영복으로 갈아입고 로커에 짐을 넣은 후 물 샤워를 하고 안으로 들어섰다.

금요일 저녁이라 그런지 고래 뱃속 같은 수영장 안은 한산했다. 떨리는 마음으로 3m 풀에 입수하려고 보니 좌측통행 레인과 우측통행 레인이 따로 있었다. 일단 익숙한 우측통행 레인으로 풍덩 뛰어들어 자유형으로 출발했다. 3m 깊이라 그런지 앞으로 더 잘 나가는 느낌이 들었다. 발이 닿지 않는다는 걱정은 잊고 어깨 롤링을 신경 쓰며 자유형을 했더니 어느새 50m 레인 끝에 도착했다. 양쪽 끝에는 발을 디딜 수 있는 단이 있어 잠시 매달려 쉴 수 있었다. 그럼 이번엔 배영 도전! 깊이 3m 풀보다 어색한 건 좌측통행 레인이었다. 특히 좌측통행 레인에서 턴을 하려니 영 어색해서 한 바퀴만 돌고 우측통행 레인으로 돌아왔다. 우측통행과 좌측통행 레인이 나란히 있다 보니 모두가 한 방향으로 수영할 수 있다는 장점도 있었다. 키 큰 영국인들과 경기를 하듯 같은 방향으로 나란히 수영하는 것도 즐거웠다. 한국 수영장의 경우 모두 우측에서 수영을 하니 옆 레인 사람과 바짝 붙어 서로 물을 튀기는데, 우측통행 레인 옆이 좌측통행 레인이라 간격이 넓어 물이 튀지도 않았다.

수영을 하다 보니 끝 레인에서 아이들의 함성이 들려왔다. 무슨 일인가 했더니 킥판을 잡고 발차기를 하며 우렁차게 수영 강습을 받고 있었다. 어릴 때부터 깊이 3m 풀에서 수영하는 아이는 바다도 호수도 두렵지 않겠지. 나 역시 50m를 왕복하다 보니 3m 깊이가 전혀 무섭게 느껴지지 않았다. 오히려 쭉쭉 잘 나가는 기분이 상쾌했다. 역시 두려움은 막연함에서 비롯되는 것. 뭐든 직접 해보면 뛰어넘을 확률이 더 크다. 그날 저녁 동생 집에 돌아와 피시 앤드 칩스에 맥주로 축배를 들었다. '마침내 로망을 이루었구나' 생각하며.

이탈리아에서도

자유
수영을

외국 여행 중 인사는 그 나라 말로 한다. 나의 여행 철칙이다. 인사만 그 나라 말로 해도 현지인과 유쾌하게 대화를 시작할 수 있다. 그래서 여행 전엔 게임하듯 외국어를 배우는 듀오링고 앱을 켠다. 포르투갈에 가기 전엔 포르투갈어, 모로코에 가기 전엔 프랑스어(프랑스 보호령이었던 모로코에선 프랑스어가 통한다)를 공부하는 식이다.

결혼기념일을 빙자해 이탈리아 토스카나를 여행하기로 한

후에도 듀오링고 앱을 이용해 이탈리아어 공부를 시작했다. 강의 첫 주제가 '카페에서 주문하기'라는 게 흥미로웠다. 현지 카페에서 이탈리아어로 주문해 보려고 "살베, 운 카페 뻬르 파보레(Salve, un caffè, per favore, 안녕하세요, 커피 한 잔 주세요.)" 같은 문장이 입에 착 붙을 때까지 연습했다. 된 발음이 많은 이탈리아어는 부산 출신인 내 귀에 경상도 말처럼 친근하게 들렸다. 그래서인지 프랑스어나 포르투갈어보다 진도가 술술 나갔다. 가족 소개도 하고, 가게에서 재킷 사는 법도 배우다가 마음에 쏙 드는 문장을 배웠다.

"미 피아체 누오타레(Mi piace nuotare, 나는 수영을 좋아해요.)"

이 문장을 듣는 순간 만나지도 않은 이탈리아 사람들이 수친처럼 친근하게 느껴지며 '누오타레(수영하다)'라는 단어가 뇌리에 콕 박혔다. '수영하다'라는 동사를 익히고 나니 '자유 수영하고 싶어요'라는 표현도 배우고 싶어졌지만 그런 예문은 나오지 않았다. 그래도 공부를 하다 보니 '~하고 싶어요', '수영하다 + 자유'란 단어를 조합해 "보레이 누오타레 리베로 Vorrei nuotare libero"라는 문장을 만들 수 있게 됐다.

이탈리아어 공부와 동시에 바지런히 손품을 팔아 토스카나의 숙소를 알아봤다. 비싸고 좋은 숙소는 너무 많았지만, 예산 내의 마음에 드는 숙소를 고르려니 손가락에 쥐가 날 지경이었다. 예약 버튼과 결제 버튼 사이에서 갈팡질팡하는 마음을 부여잡고 우선순위를 정했다. ①전망 좋은 수영장이 있는 곳. ②와이너리에서 운영하는 숙소. ③진입로의 사이프러스나무 길이 아름다운 곳. ④공용 공간이 여유로운 숙소. 술꾼의 여행에 술이 빠질 수 없듯 수영꾼의 여행에 수영이 빠질 수 없는 일 아닌가. 심지어 술 좋아하는 수영꾼인 나는 와이너리에서 운영하는 아그리투리스모(agriturismo, 농사 agricoltura와 관광 turismo의 합성어로 이탈리아에서 시작된 농가 민박) 중에서도 수영장이 예쁜 곳을 발견하기 위해 숙소 앱을 뒤지고 또 뒤졌다.

고르고 고른 끝에 토스카나의 숙소는 포도밭 옆 야외 수영장이 그림 같은 아그리투리스모로 정했다. 본격적인 토스카나 여행 시작 전, 바다 수영을 할 수도 있지 않을까 하는 마음에 로마 근교 탈라모네 해변의 숙소도 예약했다. 심지어 피렌체에도 루프톱 수영장이 있는 호텔을 택했다. 여름은 아니지만 이상 기온으로 날이 따뜻하면 수영을 할 수도 있겠다는 긍정 회로가 풀 가동된 상태였다. 모든 예약을 마치고 나서야 날이 추우면 그림 같은 수영장도 소용없을 것이라는 생각이 썰물처럼 밀려 왔다. 만약의 경우를 대비해 구글 맵에서 피렌체 숙소 근처에서 자유 수영이 가능한 수영장을 검색하기에 이르렀다. 범고래의 눈으로 수영장을 추적하던 중 아미치 델 노우토(Amici del Nouto, 수영 친구들)라는 귀여운 이름의 수영장을 발견했다. 속으로 물개 박수를 치며 구글 맵에 핀을 꽂아두었다.

하지만 로마 피우미치노 공항을 나서자 차가운 가을바람이 나를 반겼다. 수영복이 아니라 트렌치코트를 입어야 할 날씨였다. 다음 날 탈라모네 해변에 도착하니 햇살이 갓 내린 커피처럼 따스했다. 호텔 체크인 후 냉큼 수영복으로 갈아입고 밖으로 나섰다. 해변에는 수영을 마치고 나온 노부부가 오후 햇살을 쬐고 있었다. 나는 첨벙 바다로 들어들었다. 물은 차가웠지만 앞으로 나아가는 기분이 상쾌했다. 고개를 물속에 담그니 물고기가 가득한 바다였다. 객실로 돌아와 수영복을 말리려고 발코니로 나갔더니, 바다에서 본 노부부가 옆방 발코니에서 망중한을 즐기고 있었다.

다음 날 아침 문 여는 시간에 레스토랑에 갔더니 갓 구운 빵 냄새와 햇살이 반겨주었다. 모처럼 느긋하게 호텔 조식을 즐겼다. 아침 식사를 끝낼 무렵 옆방 노부부가 다급하게 에스프레소를 마시는 모습을 포착했다. 얼마나 급한 일이 있길래 아침도 거르고 잰걸음으로 나서는지 마음이 쓰였다. 괜한 걱정이었다. 식사 후 남편과 호텔 정원을 거닐다가 발견한 두 사람은 해변의 바위 위에 서 있었다. 할머니가 먼저 풍덩 바다로 뛰어들어 파도를 헤치며 나아가자, 할아버지가 뒤따라 바다로 뛰어들었다. 물살을 가르며 앞으로 쭉쭉 나아가는 두 사람의 모습이 멋있어서 한참을 바라보았다. 체크아웃 후 호텔을 나서다가 레스토랑에서 식사를 하는 노부부와 눈이 마주쳤다. 나는 웃으며 엄지를 척 들어 올렸고, 할머니와 할아버지는 고개를 끄덕이며 손을 흔들어주었다. 엄지에 담긴 내 마음(멋져요! 저도 그렇게 나이 들고 싶어요)을 다 안다는 듯이. 정말이지 시작부터 완벽한 이탈리아 여행이라고 생각했다. 다음 날 비를 만나기 전까지는.

본격적인 토스카나 여행을 시작하자 거의 매일 비가 왔다. 만나는 사람마다 원래 토스카나 가을 날씨가 이 정도는 아닌데 올해 유난히 비가 많이 온다고 했다. 그래도 기대했던 와이너리 아그리투리스모에 도착했을 땐 비가 그친 후였다. 와이너리로 가는 방향으로 그림 같은 사이프러스나무 길이 펼쳐졌다.

비가 지나간 흙길은 초콜릿 반죽처럼 눅진해 보였고, 돌로 지은 대저택 같은 건물은 비에 촉촉히 젖어 있었다. 2층 숙소에 짐을 풀고 정원으로 나오니 포도밭 너머 사이프러스나무로 둘러싸인 수영장이 시선을 끌었다. 리셉션에 조르르 달려가 수영장 이용 시간을 물었더니 시즌이 끝나서 이용할 수 없다는 답이 돌아왔다. 그림의 떡 같은 수영장 옆에 앉아 와인을 홀짝이며 아쉬움을 달랬다.

결국 탈라모네 바다 이후 단 하루도 수영을 하지 못한 채 토스카나 여행을 마치고 피렌체에 도착했다. 피렌체의 호텔엔 루프톱 수영장이 있긴 하지만 관상용이었다. 피렌체에서 보내는 마지막 날, 구글 맵에 저장해 둔 아미치 델 노우토에 가보기로 했다. 푹 쉬고 싶다는 남편은 숙소에 머물고 나 혼자 객실 밖으로 나섰다. 두오모가 보이는 호텔 옥상에 요가 매트를 깔고 가볍게 스트레칭을 한 후 구글 맵이 알려 주는 길을 따라 걸었다. 관광객은 아무도 오지 않을 것 같은 동네 모퉁이에서 수영장 입구를 발견했다. 안으로 들어서자 들리는 소리가 온통 이탈리아어였다. 오래된 극장 매표소처럼 생긴 안내 데스크에는 아무도 없었다. 5분쯤 기다려도 아무도 나타나지 않았다. 두리

번거리다 수영장이 들여다보이는 유리창을 발견했다. 창 너머로 반바지에 티셔츠 차림의 코치가 레인 밖에서 수영 강습을 하는 모습이 보였다. 나는 스마트폰 배터리가 1% 남은 상황에서 충전기를 만났을 때의 심정으로 팔을 길게 뻗어 세차게 흔들었다. 속으로 '여기, 자유 수영 하러 온 사람 있어요'라고 외치며.

다행히 수영 코치는 나의 과한 몸동작을 알아챘고, 나가겠다는 사인을 보냈다. 나는 밖으로 나온 코치에게 이탈리아어로 회심의 문장을 말했다.

"Salve, Vorrei nuotare libero.(안녕하세요, 저 자유 수영 하고 싶어요.)"

그러자 아주 긴 이탈리아어 질문이 되돌아왔다. 오늘 하루 자유 수영을 할 것인지, 자유 수영을 등록하러 온 것인지 묻는 듯했지만 오늘 oggi이란 단어밖에 모르는 나는 작은 목소리로 이렇게 되물었다.

"두 유 스피크 잉글리시 Do you speak English?"

코치는 고개를 끄덕이며 친절히 안내해 주었다. 자유 수영 요금은 7유로였다. 돈을 내자 종이 티켓을 주며 탈의실 위치를 알려 주었다. 탈의실은 한국의 수영장과 마찬가지로 칸막이가 없었고, 탈의실과 연결된 샤워실에는 칸막이가 있었다. 조금 어색했지만 옷을 훌훌 벗고 샤워실에서 몸을 깨끗이 씻은 뒤 수영복을 입었다. 내가 샤워하는 사이 몇 사람이 더 탈의실에 들어왔다. 익숙한 듯 서로 인사를 나누는 모습이 회원인 듯했다.

마침내 들어간 수영장 안은 번잡한 피렌체 거리와 완전 다른 세계였다. 오전 10시가 넘은 애매한 시간이라 그런지 수영 강습 레인보다 자유 수영 레인이 많아서 자유 수영 레인이 한적했다. 채광이 좋은 25m 풀을 자유형과 배영으로 여유롭게 오가는데 자꾸 미소가 지어졌다. 더듬더듬 이탈리아어로 현지 수영장에 입장한 것 자체가 기뻤다. 수영하는 내내 물을 잡는 손끝부터 물을 미는 발끝까지 뿌듯함이 온몸을 타고 흘렀다.

수영장 벽에 붙어서 쉴 때 주변을 둘러보니 이곳 회원들에겐 공통점이 있었다. 약속이라도 한 듯 수영복 위에 아레나 가운을 입고 들어와 옷걸이에 가운을 살포시 걸어두고 수영장에 입수했다. 나처럼 맨발로 들어오지 않고 수영장용 슬리퍼를 신고 들어와 수영장 앞에서 벗고 입수하는 사람도 많았다. 수영장 내에 샤워기가 있어, 가운을 벗고 그 샤워기로 물 샤워를 한 후 수영장에 들어오는 사람도 있었다. 그리고 자유형만큼이나 배영을 연습하는 사람이 많았다. 이런 풍경을 관찰하는 것도 이탈리아에서 자유 수영을 하는 소소한 재미였다.

자유 수영을 마치고 호텔로 돌아가는 길, 젖은 머리로 길모퉁이 카페에 들어가 아메리카노 한 잔을 이탈리아어로 주문했다. 나이 지긋한 할머니 바리스타가 진한 에스프레소와 따뜻한 물을 내주었다. 원하는 농도로 물을 타서 마시라는 배려였다. 그라치에! 고맙다는 인사를 하고 커피를 마시는데 또 행복하다는 생각이 들었다. 나답게 여행할 수 있어 행복했다. 내가 생각하는 나다운 여행이란 거창한 게 아니다. 여행지에서도 기꺼이 일상에서처럼 수영 후 모닝커피를 즐기는 것. 그 덕에 이탈리아어와 더 친해졌다.

이 글을 쓰며 과연 내가 이탈리아에서 제대로 말한 것인지 확인해 보니 이탈리아어로 '자유 수영을 하고 싶어요'는 '보레이 누오타레 리베라멘테 Vorrei nuotare liberamente'. 문법상 리베로 libero는 형용사, 리베라멘테 liberamente는 부사라 부사를 쓰는 게 적합하다고. 이참에 잘 외워둬야겠다. 다음 이탈리아 여행에서도 자유 수영을 할 테니까.

덧. 쇼핑몰에 갔다가 피렌체의 수영장에서 본 아레나 가운을 샀다. 아무도 가운을 입지 않는 서울의 수영장에서 수영 후 아레나 가운을 입고 머리를 말리고 있으면 다른 사람들이 종종 묻는다.

"호텔 수영 왔어요?"

수영장에서

앰뷸런스 타고 병원에 가도

"편집장님, 아침 일찍 죄송해요. 제가 부상을 당해서… 지금 병원인데요."

수영장에서 앰뷸런스를 타고 병원에 왔다. 의사도 출근 전인 병원에 환자는 나뿐이었다. 로비에 덩그러니 앉아 〈KTX매거진〉 기사를 위한 취재 차 내일 가기로 한 출장을 못 가겠다고 연락하고, 친구와 점심 약속을 취소하고 나니 헛웃음이 났다. 한 치 앞을 알 수 없는 게 인생이라지만, 오늘 새벽 내 발로 걸어서 수영장에 갔다가 다쳐서 이렇게 휠체어에 앉아 있을 줄

이야.

"어떻게 된 거야?"

자다 깬 차림으로 달려온 남편을 보자 말이 방언같이 터져 나왔다.

"스타트하다가 다쳤어. 처음엔 조심조심 살살 뛰니까 괜찮은 거야. 선생님이 다리 굽히지 말고 쭉 뻗고 뛰어보라길래 해봤는데, 갑자기 오른쪽 종아리 근육이 끊어지는 것 같아서 수영을 할 수가 없었어."

"그래서?"

"겨우 출발점으로 돌아왔는데, 사람들이 계속 스타트를 하는 바람에 빠져나오지도 못하고 물속에 서 있느라 무서웠어."

"병원엔 어떻게 왔어?"

"물에서 빠져나와 다른 회원들에게 부축 좀 해달라고 해서 벤치에 앉으니까 정신이 좀 돌아오더라고. 그런데 라이프가드가 휠체어를 가져오더니 바로 병원에 가라는 거야. 자기도 다쳤을 때 수영복 입고 병원에 갔었다고."

"이 엄동설한에?"

"응. 다행히 센터 직원이 와서 앰뷸런스를 불러주고, 수친들이 휠체어를 밀어주고 옷 갈아입는 것도 도와줘서 옷 입고 왔어."

불운의 시작은 이탈리에서부터였다. 꿈결 같았던 이탈리아 여행 마지막 날, 번잡한 로마 테르미니역에서 로마 피우미치노 공항행 기차를 타려고 29번 플랫폼을 향해 뛰던 중 오른쪽 종아리에서 툭 하고 뭔가 끊어지는 느낌이 났다. 누가 종아리 근육을 꼬집는 듯이 아파서 제대로 걸을 수가 없었다. 겨우 기차에 올라탔는데 통증이 더 심해졌다. 종아리를 주무르다 주변을 살펴보니 그 많던 승객들이 보이지 않았다. 나는 종아리에 신경 쓰고, 남편은 그런 나를 챙기느라 갈아타야 할 역을 지나친 것이다. 다행히 같은 열차에 있던 친절한 이탈리아인이 앱에서 다시 갈아탈 기차 시각과 플랫폼을 확인해 종이에 써주었다. 절뚝거리며 그 플랫폼으로 갔더니 기차가 지연된다는 안내 방송이 나왔다. 결국 역 밖으로 나와 택시를 잡았다. 신이 난 택시 기사는 "노 프로블럼"을 연발하며, 부산 총알택시 버금가는 속도로 내달렸다.

우여곡절 끝에 도착한 로마 피우미치노 공항 항공사의 체크인 카운터는 한산했다. 지금이라도 휠체어 서비스를 요청할까 하다가 최대한 천천히 걸어보기로 했다. 거북이처럼 느릿느릿 출국 심사대 앞에 도착했더니 미로 같은 벨트 가드레일이 켜켜이 처져 있었다. 현기증이 났다.

"여보, 저기를 걸어서 통과해 가다가 비행기도 타기 전에 죽을 것 같아."

나는 벨트 차단봉을 가드레일 앞에 망부석이 되어 섰고, 남편은 가드레일 벨트 차단봉을 치워보겠다고 낑낑댔다. 어디선가 나타난 공항 직원이 남편을 제지했다. 물러설 곳이 없었던 나는 나라 잃은 백성의 표정으로 말했다.

"선생님, 죄송해요. 제가 부상을 당해서 걸을 수가 없어요."

그러자 공항 직원이 자기를 따라오라고 하더니 패스트 트랙을 열어주었다. 휠체어가 필요하냐고도 물었다. 그렇다고 하자 5분만 기다리라고 했다. 5분이 채 지나기도 전에 직원이 전동 휠체어를 몰고 나타나 나를 태우고는 바람을 휘날리며 공항을 질주했다. 속도가 어찌나 빠른지 남편은 전동 휠체어 뒤에서 뛰어야 했다. 휠체어로 제1 터미널의 어느 탑승구까지 간 후 제2 터미널까지는 장애인 전용 차량으로 데려다 주었다. 여기서 끝이 아니었다. 탑승구에 서 있으니 또 다른 직원이 수동 휠체어를 가지고 나타나 내 이름을 불렀다.

"우 지 컹! 웨얼 이즈 우 지 컹?"

그 덕에 나는 휠체어를 타고 어르신들의 눈총을 받으면서 1등으로 탑승했다. 그리고 일렬로 도열한 승무원들의 환영까지 받으며 내 자리를 향해 절뚝절뚝 걸었다.

공항의 대한항공 직원의 배려 덕에 인천국제공항에 도착해서도 휠체어를 타고 입국장으로 나왔다. 이번엔 사람이 밀어주는 수동 휠체어라 남편이 따라 뛸 필요는 없었다. 집에 도착하니 통증이 조금 줄었다. 푹 자고 일어나자 걷는 게 조금 수월했다. 걸을 수 있으니 종아리 근육이 끊어진 건 아닌가? 그래도 혹시나 하는 마음에 단골 병원에 갔다. 하타 요가를 하고 난 뒤 손목이 아파서 갔을 땐 드쿼르뱅이라고, 수영을 하다 어깨가 아파서 갔을 땐 회전근개염이라고 진단해 준 정형외과였다.

"이번엔 종아리가 아파서 왔어요? 초음파를 찍어봅시다."

의사는 종아리 근육 파열이라고 했다. 종아리 근육은 반깁스를 하는 게 원칙이지만 심하지 않으니 4주간 최대한 걷지 말고, 체외충격파 치료를 받으라고 했다. 서울에 돌아오면 매일 수영하고 글 쓰는 일상으로 돌아가려 했는데 수영장은커녕 집과 병원을 오가는 신세가 되었다.

그래도 2주쯤 지나자 종아리 통증이 옅어졌다. 4주가 지난 뒤에는 통증이 거의 느껴지지 않았다. 걷기도 한결 수월했다. 그러자 스멀스멀 수영장에 가고 싶은 마음이 피어올랐다. 수영 강습은 무리지만 자유 수영은 괜찮지 않을까. 택시를 타고 서울숲복합체육센터에 도착해 조심조심 샤워를 하고 수영장에 들어갔다. 발차기를 하지 않고 오직 팔로만 자유형을 했다. 느려도 물속에 있으니 숨통이 트이는 것 같았다. 이 참에 스트로크 능력을 키워 볼까? 이번 부상이 평소 팔보다 발로 수영을 하던 나에게 전화위복이 될지도 모른다는 생각이 들었다. 양팔 중 오른팔은 물 잡기와 하이 엘보(high elbow, 리커버리 시 어깨에 무리를 주지 않고 팔을 부드럽게 앞으로 뻗기 위해 팔꿈치를 높이 드는 동작)가 되는데, 왼팔은 물 잡기도 하이 엘보도 영 시원치 않았다. 오른팔, 왼팔 반복되는 스트로크를 계속 연습하다 보면 열등생인 왼팔도 오른팔의 반의 반쯤은 움직이게 되리라는 희망을 품고 팔로 수영을 했다. 찰스 디킨스가 말하지 않았던가. "불운은 누구에게나 찾아오지만, 그때 어떻게 대응하느냐가 그 사람을 말해 준다"고. 종아리 근육 파열 5주 차엔 일주일에 한 번 수영 강습을 나가 맨 뒤에 서서 최대한 발은 쓰지 않고 팔로 수영을 했다. 6주 차가 되니 발차기를 살살 해도 종아리에 힘이 들어가지 않았다. 마침내 일상으로 돌아온 것 같아 행복했다.

방심한 순간 불운이 다시 찾아왔다. "앞으로 3개월간 재발 위험은 있지만 일상생활에는 지장 없어요"라는 말을 들은 지 하루 만에 새로운 병원 의사에게 "재발입니다. 한번 끊어진 근육은 계속 끊어질 수 있어요. 반깁스해야 돼요. 샤워할 때 빼고 무조건 하고 있어요"라는 말을 듣게 되다니. 지난 6주간 빨리 나으려고 얼마나 애썼는데, 스타트를 하다가 종아리 근육 파열이라니. 오늘 수영장에 가지 않았더라면. 아직 안 나았다고 물속 스타트를 했더라면. 다리를 너무 굽히니 쭉 뻗고 뛰라는 피드백을 받고도 다리를 쭉 뻗지 않았다면. 온갖 후회와 자책을 해도 소용없었다.

그렇게 수영 공백기가 다시 시작됐다. 반깁스를 하니 수영은 고사하고 제대로 걷지도 못했다. 연말 모임도 다 취소하고 라디오 출연도 전화로 했다. 크리스마스도 새해도 반깁스를 한 채 집에서 보냈다. 잠이라도 푹 자면 좋으련만 반깁스 때문에 밤새 뒤척였다. 아침에 눈을 떠도 일어나고 싶지 않았다. 몸은 한없이 찌뿌둥하고 마음은 끝없이 가라앉았다. 무기력했다. 무기력에서 벗어나려면 수영장에 가야 하는데 수영장을 갈 수가 없으니 자꾸만 한숨이 났다.

마침내 반깁스를 풀던 날, 의사에게 슬슬 수영을 해도 되냐고 물었다가 이런 말을 들었다.

"완전히 다 나으면 하세요. 무리하다 같은 데 또 다치고, 다쳐서 은퇴하는 거예요."

은퇴라니. 대회에 출전한 적도 없는데 은퇴를 할 수는 없는 노릇 아닌가. 참고로 의사는 고려대학교 농구 팀 닥터였다. 결국 나는 반깁스를 풀고 두 달 넘게 수영을 쉬었다. 수영장에 가고 싶은 마음이 들 때마다 '은퇴할 순 없지. 오래 하려면 잘 쉬어야 돼'라고 마음을 다잡았다. 아침 7시에 수영장에 모인 사람들의 활기가 그리웠지만, 새벽 수영을 다시 하겠다는 마음도 접었다. 수영장에서 부상을 겪고 나니 몸이 안 풀린 상태에서 새벽 수영을 하는 게 겁이 났다. 스타트하다가 부상을 당한 터라 스타트는 더 겁이 났다. 그렇다고 이 좋은 수영을 포기할 수는 없는 노릇. 이탈리아 여행을 떠나기 전 새벽 수영과 병행했던 저녁 9시 강습만 받기로 했다.

수영을 다시 시작하는 날, 설레는 마음으로 수영장에 갔다.

저녁 9시 중급반 강사에게 종아리 근육 파열로 수영을 두 달 이상 쉬다가 다시 하는 것이라 중간에 힘들면 쉬겠다고 양해부터 구했다. 그러자 강사는 중간중간 내 상태를 체크해 주었다. 다른 회원이 내게 먼저 가라고 하자 강사가 나서서 "안 돼. 먼저 가요. 여기는 환자야!"라며 '환자 우대'까지 해주었다. 다시 일주일에 두세 번이라도 수영을 하니 살 것 같았다.

그러던 어느 오리발 데이, 저녁 중급반 강사에게 뜻밖의 칭찬을 들었다.

"평영 잘하네."

"진짜요? 진짜 괜찮았어요?"

잘못 들은 게 아닌가 싶어 재차 확인했다.

"네. 팔을 이쁘게 쭉 뻗던데."

"와, 그래요? 평영을 제일 못하는데…"라고 하자 "오리발 덕인가?"라는 답이 돌아왔다. 아무래도 그런 듯하지만 종아리 근육 파열로 발차기를 덜 하는 동안 스트로크가 늘었을지도 모를 일이다. 비 내린 뒤에 무지개가 뜨듯 불운 뒤에 행운이 찾아오는 법이니까. 그게 평형 스트로크가 잘되게 한 운일지도. 다시 생각해 보니 부상으로 동네 수영장에서 은퇴하지 않고 현역으로 활동하는 게 행운인 것 같다. 이번 생에 대회에 나가겠다는 꿈을 못 이룬다고 해도 오래오래 동네 수영장 현역으로 활동하고 싶다. 그런 의미에서 오늘도 감사한 마음으로 수영장에 가야지.

1일

2수의 맛!

"새벽 수영으로 옮겼구나."

"저녁에 또 하러 와요. 저녁 8시 반, 9시 반 연달아 하는 사람도 있어요."

5월의 어느 날, 동네에서 저녁 수영을 같이 하던 분을 우연히 만나 서로 근황을 묻다가 들은 말이다. 오리발로 머리를 한 대 맞은 기분이었다. 하루에 두 번 수영 강습을 듣는 사람이 있다니. 2회 연이어 수영하는 느낌은 어떨까? 만일 내가 새벽 7시, 8시 두 타임 연달아 수영하면 공복 유산소로 몇 칼로리를 태울 수 있으려나. 그러다 영혼까지 태워 버리는 건 아닐까. 50분 수영 강습만 받고 와도 이렇게 힘든데, 100분간 강습을 받으면 체력적으로 얼마나 힘들지 도대체 가늠이 되지 않아 이렇게 대답했다.

"그러다 죽지 않을까요?"

당시 새벽 수영을 시작한 지 두 달이 채 되지 않은 때였다. 7시 강습을 마친 후 샤워하고 머리 말리고 옷 입고 집에 오면 8시 30분. 기분은 상쾌한데 바로 일을 시작하기엔 기운이 없었다. 간단히 아침 식사를 챙겨 먹고 핸드 드립으로 커피를 내려 9시 반쯤 책상 앞에 앉으면, 노트북을 켜기도 전에 노곤했다. 이런 내가 저녁 수영까지 한다면 드러눕지 않을까? 집에 돌아온 나는 일어나지도 않을 일 걱정에 고개를 다시 절레절레 흔들었다. 1일 2수란 이번 생에 불가능한 일처럼 느껴졌다.

중급반이 된 후엔 아침에도 2회 연속 수영을 하는 회원들이 있다는 걸 알게 됐다. 한 중급반 회원은 초급반 시절부터 8시, 9시 수업을 듣고 10시에 출근했다고 한다.(어쩐지 수영을 잘하더라.) 또 다른 회원은 두 아이의 엄마로 일찍 자고 일찍 일어나는 김에 새벽 6시, 7시 수업을 연달아 듣는다고 했다. 놀라웠다. 중급반에 오니 초급반보다 운동량이 늘어 힘들어하는 나와는 다른 세계의 사람들 같았다. 그때의 내 목표는 그저 수영 강습을 끝까지 받는 것이었는데 말이다. 아침부터 이런 드릴(특정 동작을 연습하는 훈련) 저런 드릴을 하며 맹훈련을 하다 보면 '그만하고 나갈까' 하는 마음이 드는데 그럴 때마다 한 바퀴만 더 돌아보자는 마음으로 버텼다. 드릴은 악기를 배울 때 악보 전체를 연주하지 않고 어려운 구절만 반복 연습하는 것과 비슷해서 자세를 더 익힐 수 있는 반면 그만큼 힘들기도 하다. 전설의 수영 선수 마이클 펠프스가 내 목표를 듣는다면 이렇게 말했겠지만.

"꿈을 크게 가져라. 목표가 작으면 그건 목표가 아니라 그냥 할 일이다."(실제로 마이클 펠프스가 남긴 말이다.)

그랬던 내가 "아침에 수영하고 저녁에 또 하러 와요. 저녁 8시 반, 9시 반 연달아 하는 사람도 있어요"라는 말을 들은 지 딱 1년 후, 1일 2수에 도전하기로 마음먹었다. 매일은 아니고 주 2회 한정. 새벽 수영 7시 매일 반을 다니며 화·목요일 저녁 9시 강습을 받기 시작했다. 새벽 수영에 저녁 수영을 병행하기로 마음먹은 데는 중급반 1번 레인에서 2번 레인으로 승급하고 싶은 마음이 컸다. 나보다 늦게 중급반에 온 회원들도 2번 레인으로 넘어갔는데 나는 여전히 1번 레인에 남아 있으니 뒤처지는 게 싫었다. 체력이 달린다는 표현이 맞을 것이다. 운동량을 늘려 체력을 키워 볼까 하는 생각에 일주일에 두 번은 1일 2수를 시도해 보기로 했다. 중급반에서 수영을 꾸준히 하다 보니 초급반 시절보다는 체력이 늘어 1일 2수를 해도 죽을 것 같지는 않았다.

때마침 여름이 다가오고 있었다. 여름에는 아무리 아침에 씻수를 해도 저녁이 되면 샤워를 하고 싶어지니 씻으러 수영장에 간다는 마음으로 도전해 보기로 했다. 막상 해보니 아침 수영은 하루를 상쾌하기 시작할 수 있어 좋고, 저녁 수영은 개운하게 잠들 수 있어서 좋았다. 놀라운 것은 나만 아침저녁으로 수영장을 들락거리는 게 아니었다. 저녁 9시 중급반에 가보니 아침 7시 중급반 회원 한 분이 나보다 발 빠르게 1일 2수를 즐기고 있었다.

확실히 1일 2수를 한 날 밤엔 몸이 노곤하긴 했다. 그래도 새로운 재미에 풍덩 빠져들 수 있었다. 새벽 수영과 달리 저녁 수영 강습에선 자세 교정을 위해 센터 스노클을 착용한 채 자유형 10바퀴로 몸풀기를 한 덕이다. 그 바람에 한강 수영을 꿈꾸며 사놓고 옷장 안에 고이 모셔두었던 센터 스노클이 수영장에 진출하게 됐다. 얼떨결에 옷장 탈출을 한 내 센터 스노클은 오지랖이 태평양보다 넓은 S 언니의 말을 듣고 덜컥 산 것이었다.

"중급반 왔으니까 스노클 하나 사. 티어 브랜드가 가볍고 좋아. 수영 오래 하라고 얘기해 주는 거야."

그 말대로 수영을 오래 하겠다며 야심 차게 사긴 했는데 호흡법이 익숙하지 않아 붙박이장의 붙박이 신세가 된 터였다. 수업 시간에 센터 스노클을 공식적으로 사용한 첫날, "코는 쓰지 말고 입으로 후~ 하고 들이마시고 투~ 하고 숨을 뱉는 거예요"라는 설명을 들은 후 입으로만 호흡을 하려니 두 바퀴도 못 돌고 숨이 막혀 죽을 것 같았다. 다음 날도 그 다음 날도 답답하긴 했지만 후투 호흡법(방금 내가 만든 신조어)에 야금야금 익숙해졌다. 몇 주 반복하다 보니 센터 스노클을 쓴 채 서너 바퀴는 연달아 돌게 됐다. 오픈 워터(한강 또는 바다 수영)를 향한 가능성의 문이 열렸다는 기분에 뿌듯했다.

저녁 9시 중급반에서는 내가 제법 빠른 편이었다. 중급반 1번 레인에서 1번을 하다가 일주일 만에 2번 레인으로 넘어가라는 강사의 말에 2번 레인에 입성하게 됐다. 그 맛에 결국 6월도 7월도 화·목요일 저녁 9시 수영을 재등록했다. 1일 2수 덕인지 8월에는 아침 7시 중급반에서도 2번 레인으로 이동하게 됐다. 그렇게 3개월간 저녁 수영을 해보니 시간과 체력이 허락한다면 아침저녁으로 1일 2수 하는 삶의 재미를 조금 알 것 같았다.

한동안 가이드북 취재를 위한 5주간 유럽 여행을 다녀오느라 1일 2수는 잊고 지내다 요즘 다시 1일 2수를 시작했다. 이번에는 저녁 9시 수영을 매일 하고 일주일에 두 번 아침 7시에 수영장에 가는 게 목표다. 솔직히 목표 달성보다는 저녁에 수영장에 못 갈 경우를 대비한 보험을 들어놓은 것 같아 마음이 든든하다. 저녁에 일을 해야 하거나 약속이 생겨 일주일에 한두 번씩 빠지게 되는데, 그런 날 아침에 수영을 하고 편안한 마음으로 저녁 시간을 쓸 수 있어서. 누가 등 떠민 것도 아니고 내가 좋아서 하는 수영을 못 하는 게 아쉬워서다.

며칠 전 저녁 9시 수업이 끝날 무렵 중급반 강사에게 이런 말을 들었다.

"힘들지요? 수영은 고통이에요. 그 고통을 즐길 수 있어야 돼요!"

어디 힘든 게 수영뿐일까. 요가도 헬스도 고통을 즐겨야 요친자나 헬친자가 되겠지. 어느새 나도 고통을 즐기는 수영인이 된 걸까. 그런 의미에서 수영 강습을 2회 연강으로 들어볼까 하는 마음까지 먹게 됐다. 시간을 조각 내어 아침에 1회, 저녁에 1회 하는 것보다 저녁에 몰아서 하는 게 효율적일 것도 같다. 적어도 샤워는 두 번만 하면 되니까. 수영 3년만에 드디어 2회 강습을 연달아 받을 마음의 준비가 됐다. 내 체력도 준비가 됐는지는 일단 시도해 보고 판단하자. 이 모든 게 등록이 돼야 말이지만. 마음의 준비와 체력, 등록 중 제일 난도가 높은 것은 수영 신규 등록 아니던가. 그리고 나는 그 어려운 걸 기어이 해냈다.

"이 시간에 어쩐 일이야?"

저녁 8시 수업에 일찍 와서 킥판으로 몸을 푸는 나를 보고 중급반 강사가 눈을 동그랗게 뜨고 물었다.

"이번 달부터 월·수·금엔 8시, 9시 연달아 해보려고요."

"좋아요. 빡세게 해보자고! 무리하진 말고. 힘들면 쉬어도 이해합니다."

"네, 너무 힘들면 조용히 먼저 퇴장할게요."

강사의 응원에 나는 미리 앓는 소리를 했다. 막상 두 시간

연속 강습을 받아보니 생각보다 힘들지 않았다. 체조를 두 번이나 하고 수업을 들어서 그런지 오히려 몸이 풀려 잘 나아가는 기분마저 들었다. 다만 끝나고 배가 고플 뿐이었다.

9시 수업 끝 무렵 파이팅을 외친 후 내 앞뒤에 선 회원들에게 두 시간 수영했더니 배가 고파서 얼른 집에 가야겠다고 했더니, 두 사람 모두 단백질 위주로 간단히 먹으라는 조언을 아끼지 않았다. 안 그러면 두 시간 수영했는데 살이 더 찔 수도 있다고. 다음엔 미리 저녁을 먹고 오라고. 진심 어린 충고에 보답하고자 황태를 에어프라이에 구워 간단히 막걸리와 함께 마시고 잠들었다. 잠들기 전 이런 결심도 했다. 다음 주부터는 두 시간 연속 수영 후 야식 안 먹기 도전! 넬슨 만델라가 남긴 말, "어떤 일이든 해보기 전까지는 항상 불가능해 보이는 법이다"를 되새기며.

에필로그   한강 물맛 좀 볼 줄
아시는지?

"접영도 할 줄 알아요?"

꾸준히 수영을 하는 사이 이런 질문을 여러 번 들었다. 수영을 아직 배워보지 않은 사람들은 접영을 고난도 영법이라 여기는 듯했다. 자유형, 배영, 평영, 접영을 다 할 줄 안다고 하면 때때로 이런 질문이 되돌아왔다.

"다 할 줄 아는데 왜 수영을 배우러 다녀요?"

난감했다. 할 줄 아는 것과 잘하는 것은 다른데. 같은 영법도 배울수록 더 연마할 기술이 있으며, 그걸 하나하나 몸으로 터득해 나가는 재미가 크다고 말하려다 "수영이 좋아서요"라고 얼버무리곤 했다.

'뭘 그렇게 열심히 하냐', '선수라도 되려고 그러느냐'고 묻는 사람들에겐 '이번 생에 수영 대회에 나갈 것'이라는 포부를 밝힌 적도 있다. 진심이었다. 수영 강습 시간엔 우리가 선수 할 것도 아닌데 뭘 이렇게 힘들게 훈련을 시키냐며 투덜대면서도 50m 단거리 수영 대회나 오픈워터(야외 장거리) 수영 대회에 출전해 보고 싶었다. 대회에 나가고 싶다는 게 우승을 하고 싶다는 뜻은 아니고, 꼴찌를 해도 좋으니 출발대 위의 긴장감과 완영의 뿌듯함을 맛보고 싶었다. 올해 안에 수영 대회에 출전하리라. 수영에 관한 책을 쓰는 내내 한 챕터는 수영 대회에 관한 것이라고 단단히 마음먹었다. 부상으로 수영을 못 하게 될 줄은 꿈에도 알지 못한 채. 하필 다친 부위가 종아리 근육인데, 같은 부위를 또 다쳐서 4주간 반깁스를 하고 집에만 있자니 수영 대회 출전은 고사하고 두 발로 걸어서 수영장에만 갈 수 있다면 더 바랄 게 없다 싶었다. 회복하는 동안 수영에 대한 감을 잃지 않으려고 팔로만 자유형 연습을 하기도 했다. '이러다 자유형까지 잘하게 되면 어쩌지?'라는 김칫국, 아니 수영장 물을 마시며.

병원 진료 마지막 날, 의사가 "이제 일상생활에 지장이 없어요"라고 했을 때 떠올린 일상의 장면은 수영 가방을 메고 수영장을 오가는 모습이었다. 마침내 수영장으로 돌아간 나는 뱀의 꼬리가 되길 자처했다. 혹여나 발차기를 하다가 종아리 근육에 무리가 갈까 겁이 나 맨 뒤에 서서 천천히 수영을 했다. 느려도 좋았다. 수영만 할 수 있다면. 수영 오픈 채팅방에서 누군가 '한크스'에 출전한다는 말을 듣기 전까지는 그랬다. 한크스가 뭐지? 검색해 보니 '한강 크로스 스위밍 챌린지'의 약자로, 서울의 상징인 한강에서 열리는 수영 대회였다. 코스는 잠실대교 남단에서 북단까지 왕복 1.8㎞인데 오리발, 부이 등 보조 장비 사용도 가능하며, 빠른 기록보다는 완주가 목표라는 말에 귀가 솔깃했다. 그날부터 누가 등을 떠민 것도 아닌데 참가 신청을 할까 말까 고민을 하기 시작했다. 오리발이라는 믿을 구석이 있지만, 차가운 수온이라는 벽도 넘어야 하는데. 한강 물이 무척 탁하다는데……. 아무리 밝은 수경을 쓴다고 해도 앞이 안 보이면 똑바로 나아가기 쉽지 않을 거야.

걱정을 한다고 걱정이 없어지는 것도 아닌데 걱정을 하다가 신청 기간을 놓칠 것 같아 일단 참가 신청부터 했다. 안전요원이 곳곳에 배치되어 있어 정 힘들면 보트를 타고 나와도 된다는 말로 남편을 꼬드겼다. 결국 남편도 찬조 출전하기로 했다. 한강을 횡단하려면 수영 강습만으로는 부족할 것 같아 50m 수영장을 찾아 구리와 미사까지 원정 훈련(?)을 다녀왔다. 50m 수영장에서 오리발을 신고 1시간 내내 자유형을 해보니 느리긴 해도 완주는 할 것 같았다. 완주 메달을 받으면 어디에 걸어둘까? 이런 고민을 하던 중 한크스 주최 측으로부터 긴 문자를 받았다.

"이번 주 6월 21~22일에 열릴 예정인 2025 한강 크로스 스위밍 챌린지 대회를 연기합니다. 집중호우 예상 및 팔당댐 수문 개방에 따른 안전 문제에 대한 선제 조치입니다······."

내 인생 첫 수영 대회가 경기 이틀 전 폭우로 인해 한 달 뒤로 연기될 줄이야. 그렇게 먼 미래 같았던 한 달이 이번 주 토요일이다. '이번엔 폭우가 아니라 폭염에 한강 수영이 괜찮을까?'라는 생각을 하며 대회를 준비하고 있다. 다음 주도 오리발 사용 가능한 50m 수영장을 찾아 구리로 훈련을 다녀오려고 한다.

수영, 원고, 한크스 준비로 돌아가는 나의 일상. 과연 나는 어떤 모습으로 한강을 횡단하게 될까? 무사히 한강을 건너고 나면 다음엔 센강에서 수영을 하러 파리로 갈지도 모를 일이다. 지난 7월 5일 약 100년 만에 파리 센강을 수영장으로 개장했다는데, 센강 옆 수영장이 아니라 센강에서 에펠탑을 향해 헤엄쳐 가는 낭만이라니! 한강을 건너기도 전에 너무 멀리 갔나? 한 가지 이것만은 분명하다. 곧 한강 물맛을 아는 수영인이 될 것이다.

그런데 왜 자꾸 비가 오지? 속절없이 내리는 비와 함께 내 예상은 또 한 번 빗나갔다. 이번에는 "2025 한크스 기상 악화 및 팔당댐 방류로 인한 2차 연기 결정"으로 시작되는 장문의 문자를 받았다. 중부의 지방 집중호우로 팔당댐의 초당 2,900톤(7월 17일 08:50 현재)에 달하는 대규모 방류로 인해 한강 수위 상승, 유속 급변, 수질 저하 등 심각한 안전 문제가 우려되는 상황이라고. 대회는 8월 23~24일로 연기되었고, 나의 대회 준비는 계속된다. 한강 물맛 좀 보는 그날까지!

앞으로 안 나아가는 기분

초판 1쇄 발행 2025년 8월 20일

지은이 우지경

펴낸곳 브레드
책임편집 이나래
교정교열 한정아
표지 그림 이시내
디자인 김지혜
인쇄 상지사 피앤비

출판 신고 2017년 6월 8일 제20203-000083호
주소 서울시 중구 퇴계로41길 39 703호
전화 02-6242-9516
팩스 02-6280-9517
이메일 breadbook.info@gmail.com

© 우지경
이 책 내용의 전부 또는 일부를 재사용하려면 출판사와 저자 양측의 동의를 얻어야 합니다.

ISBN 979-11-90920-53-7
값 17,000원